沈伶

———— 著

周伶育———— 繪圖

財富豐盛

吸引力

Attractive

作者序

　　我喜歡在每天開始工作前，先看看天空、感受日光，也喜愛在忙碌的一天過後，看著夜晚星空，提醒自己一天已經流逝。這個日復一日的習慣，是幫助自己不被生活淹沒的方法。繁忙的現代生活中，我們常為了追逐現實目標而忘記真正的渴望，總是仰望天空而忘卻步伐與位置，但如果就這樣日復一日、年復一年，我們真能活得毫無後悔嗎？難道追逐現實理想與探索生命真的無法兼顧嗎？

　　這本書的名字，我選擇「豐盛」取代富裕等其他名詞，是因為「豐盛」本身帶有全方位富有的意涵。當我擁有了想擁有的財富、人脈、情感關聯、生命的溫度、生命的厚度與自由度，體悟與實踐自我生命的意義，這種各方面平衡豐沛的狀態，就是「豐盛」。

　　總有人問我為何放棄高薪的律師不做，跑來耕耘身心靈的領域？對我而言，沒有什麼放棄的問題，而是選擇的問題，我選擇另一條道路，不代表我放棄了什麼，我相信自己一樣值得擁有豐盛，我依舊能實踐自己的理想，因為我明白吸引力法則的真相。

　　如果穿越人們在社群媒體上的表象，我們能看到什麼？許多個案或學生，他們在光鮮亮麗、擁有過人資歷或財富的外表下，卻有著許多不為人知的苦楚與身心疾病，讓我不免憂心地找尋，既擁有財富，又能心靈富裕的道途。

　　世界衛生組織（WHO）認定 2020 年影響全球數十億人口最嚴重的三大疾病，是心血管疾病、憂鬱症及愛滋病，其中憂鬱症甚至超越愛滋病。105 ～ 107 年間，台灣一年就有 40 萬人因憂鬱症就醫，如果我們仍僅固守物質而忽略心靈，勢必未來會有更嚴重的問題。

　　這本書的目的,是分享更有效率的方法吸引財富,同時探索自我與豐富生命的意義。我們擁有過去渾然不覺的內在力量,等待自己去探索、開發,那些我們以為很奇幻的部分(例如改變物質界、創造與顯化),其實一直深植於每一個人的內在,只要你願意,就能擁有這個巨大寶藏。

　　也許是基於過去法律養成訓練,所以本書也會引用部分科學實驗與專業研究佐證,盼能理性與感性兼顧,達到身心皆能平衡圓滿的目標。我選擇用樸實的言語鋪陳,免去瑰麗與艱澀的詞藻,也加入許多日常可運用的實作練習,並以牌卡輔助,以協助大家能獲得更具體的指引,目的都是為了深入淺出,更能貼近我們的生活。

　　這是一本在日常生活就能修煉財富與心靈的吸引力法則書籍,願每位讀者都能成為自己生命中最強大的導師!

前言

 ## 當秘密已不再是秘密

也許你聽過「吸引力法則」，也許你曾看過《祕密》這本書，但你是否真心相信，我們比自己原本想像的更有力量？

西元 2007 年，澳洲媒體工作者朗達・拜恩（Rhonda Byrne）出版了《祕密》這本書，以 24 位神奇的導師為主角，揭露其共通的「吸引力法則（Law of Attraction）」奧秘，創下全球近 4 千萬冊的銷售奇蹟，橫掃美國、加拿大、英國、愛爾蘭、澳洲……各大排行榜第一名，書中內容更成為當時熱議不絕的話題。但隨著時光飛逝，現在的我們，是否因為知悉「吸引力法則」而活出更好的人生？

在幾次大型公開演講中,我曾請看過《祕密》這本書的來賓舉手,上百人的場次經常有逾三分之二的人舉手,當我緊接著再問:「有感覺自己因為這本書而活得更好的朋友請舉手!」卻往往僅剩個位數的人舉著手。我也遇過不少個案,為追求財富訂下目標,相信自己每天不斷地以各種標語、超跑或豪宅照片激勵自我,就能「吸引」想要的豐盛成果,但最終仍大失所望。這不禁讓我思索:《祕密》這本書的內容並沒有問題,「吸引力法則」確實也是通往幸福與豐盛的秘法,那究竟問題在哪裡?我們該如何讓自己夢想成真?

我們是真心相信,還是僅止於頭腦知曉?

大部分的人都想擁有財富,那為何我們那麼想擁有,卻無法憑「吸引力法則」獲得財富?問題在哪裡?是否尚未真正了解「吸引力法則」更深入的內涵?抑或還無法相信自己擁有如此強大的力量?或者,有沒有可能是內心深處根本沒那麼想致富呢?

榮獲《沃金斯評論》(Watkins Review)評選為世界百大精神人物的德隆瓦洛・默基瑟德(Drunvalo Melchizedek),在其

著作《從心覺醒》（Living in the Heart）中曾記載，他在白雪皚皚的洛磯山脈之巔、澳洲東岸與英國沼澤區，見證數個城市瞬間被"靜心及心靈科技"淨化了空氣汙染，並運用靜心冥想成功祈雨、撲滅森林大火，這些經驗都讓我們了解到心靈力量遠超乎過去的想像，我們絕對擁有超越自己原本認知的創造力。

事實上，我們內在具有深厚的顯化力量是不容置疑的，但如何喚醒心中沉睡的巨人？這並非頭腦知曉我們深藏的這種特殊力量就能運作的，否則，每個閱讀過《祕密》的讀者不都已成功致富了？所以，更重要的是，打開「心」的力量是至要關鍵的鑰匙，當我們心與腦合一，就能真正開啟這個強大的潛能，顯化我們要的生活。如何打開心的力量？如何帶著這個力量運作吸引力法則、創造我們想要的財富？都將在本書完整披露具體內容與實踐方法。

 ## 本書的使用方法

《財富豐盛吸引力》非空泛談論顯化財富的抽象法則，而是完整建立重要概念，到實際在生活中運作的詳盡秘笈，以深入淺出的方式讓大眾都能理解與運用。本書共有 28 個章節，前面第

1 ～ 18 章為「自我開發篇」，為財富豐盛吸引力的主要知識內容與實踐方法，此部分須依序建立觀念與逐步練習，建議遵循次第漸進研讀。後面第 19 ～ 28 章為「豐盛導師篇」，目的在連結與尋求更高頻率的協助與教導，並藉由「豐盛肯定語」調整自身狀態，創造更順暢圓滿的豐盛之流。

另外，有鑑於日常練習上可能遭遇疑問或困難，為了讓讀者能於生活中更容易操作，便設計了「豐盛指引卡」可搭配使用，請先研讀本書內容、建立基本的正確觀念後，再依本書末的附錄說明抽卡使用。

準備好告別過去、迎向豐盛的人生了嗎？深呼吸，我們即將開始這個創造豐盛的魔法旅程囉！

目
錄

自我開發篇

PART-2

豐盛導師篇

. PART-1 .

自我開發篇

你比自己原本
想像的更有力量

第 1 章

吸引力
法則

你生命中所發生的一切，都是你吸引來的。
他們是被你心中所抱持的「心像」吸引而來；
它們就是你所想的。
你的每個思想都是真實存在的東西——它是一種力量。

普蘭特斯・馬福德 Prentice Mulford

放下舊認知，
才能真正深入理解

　　什麼是「吸引力法則（Law of Attraction）」？吸引力法則的確如普蘭特斯・馬福德描述那般，我們心中所想的，會進一步吸引、創造於具體生活中。這樣的論述並沒有錯，但卻可能略嫌簡要。就好比我們對年幼孩子形容「大海」是有著一片蔚藍色彩的汪洋，如此一說，晚上黑暗的海洋還是「大海」嗎？海底下繁榮生物的樣貌仍是「大海」嗎？如果這孩子常久居處內陸，從未親眼看見寬闊大海、也未曾在海中游泳，他對「大海」的理解與認知，與實際接觸過後會有多少距離與落差？

　　如果說，「吸引力法則」是心中想什麼就會吸引而來什麼，那為何大部分人都想著要「有錢」，卻無法吸引財富？醫院病患們想要痊癒，卻依舊需要治療，甚至持續惡化？實際上，文字雖

有傳遞知識的妙用，卻可能難以涵蓋完整的內容。想整體理解並活用「吸引力法則」，第一步必須先放下過去舊有的認知，重新耐心地思索、理解，才能進入更深的內涵。

　　除了理解是否深入之外，第二個必須釐清的部分，是僅僅"知曉"什麼是「吸引力法則」，並不足以產生扭轉生命、擁有財富的力量。好比我們去上瑜珈課學會了拜日式，能告訴他人並示範什麼是拜日式，但如果沒有時常在生活中練習，就無法獲得真正的助益。**請記得「知曉」與「轉述」是無法真正帶來轉化，唯有從自己的生活中持續運用、練習，才能獲得本質上的改變。**

深入剖析「吸引力法則」

普蘭特斯・馬福德（Prentice Mulford，1834-1891）說：「你生命中所發生的一切，都是你吸引來的。他們是被你心中所抱持的『心像』吸引而來；它們就是你所想的。你的每個思想都是真實存在的東西——它是一種力量」。吸引力法則中，「心像」指的是我們內在的狀態，這個內在狀態包含「內在的整體意識」。

所謂「整體意識」，囊括「表意識」與「潛意識」。「表意識」是指平時所能直接感受、連結的意識層面，諸如求學時代的回憶、對工作長官與同事的感受、對金錢或愛情的想法……，這些平常我們清醒時的意識，均屬「表意識」範疇。

「潛意識」則是指深藏於表意識下、平日難以覺察的意識層

面，諸如今生幼時已經遺忘的回憶、壓抑極深的慾望、前世的記
憶、靈魂的信念……等等。

　　知名心理學家佛洛伊德（Sigmund Freud，1856-1939）曾比
喻，人類意識好比大海中的冰山一般，露出海平面以上的部分為
「表意識」，佔據總體意識不到 10%。而深藏於海平面以下的龐
大區域，是鮮為人知的「潛意識」，約佔總體意識 90% 以上。

　　印度詩人泰戈爾（Rabindranath Tagore，1861-1941）曾說：「認識自己，最難。」不外乎那個 " 自己 "，往往超乎我們過去理解的那般。因為平常清醒時再怎樣完整認識、覺察自己，都可能僅限於那 10% 不到的「表意識」，如果真的要完整認識自己，也必須涵蓋 90% 的「潛意識」。

　　「吸引力法則」是指我們的「心像」會吸引對應的結果，而心像是指總體意識。既然意識包含「表意識」與「潛意識」，前面提出的疑問就似乎更能理解了：為何大家頭腦想著要「有錢」卻無法致富？關鍵就在於，我們對自己的「心像」瞭解多少？「表意識」是日常醒覺時的意識狀態，自然是較容易掌握與熟悉的範疇，那「潛意識」呢？我們對這超過 90% 以上的冰山下層理解了多少呢？

　　假使一個人「表意識」想要富有，但深藏的「潛意識」卻認為金錢只會帶來不幸，在「表意識」與「潛意識」1：9 的心像力道運作下，這個人在生活中吸引來的，會是富有還是困頓呢？

　　為了讓讀者更了解潛意識，讓我們來看一個實例。我曾遇過一位容貌姣好的個案 W 小姐，為愛情不惜付出一切努力，一心只希望自己能有幸福的結果，卻往往事與願違，不是遇到花心男

子，就是遇到對方父母反對交往的狀況，情路坎坷。在進入催眠
狀態探究潛意識後，才發現她在幼時親眼見到父親狠心拋棄母親
與自己，從此便在潛意識埋下「自己不值得被愛」的信念，她在
催眠中哭喊著：「因為我不夠好，爸爸才會離開、才會不愛我！」
她的潛意識把這一切都歸咎於自己的不好、自己不值得享有幸
福，這樣的心像便吸引了日後不順遂的感情道路。

當幼時的創傷揭開之後，我帶領她重新回到那個時刻，勇敢
對爸爸說出自己的真心話，並透過現在的她與當年的她對話、重
建心像，讓潛意識的信念獲得調整，果然，兩年後收到她的好消
息，即將與一位條件很好、又很愛她的對象結婚。

這樣類似的個案其實很多，每一個個案的親身經歷，都驗證
了「吸引力法則」與「潛意識」的緊密關聯性。誰不希望自己富
有？誰不希望自己幸福、健康？問題是——假使「吸引力法則」
真那麼簡單粗淺，生活中就不會有那麼多煩惱與苦楚了！所以，
內在「心像」如何，將決定我們吸引什麼樣的人、事、物、狀態
來到生命裡。

倘若想創造豐盛圓滿的人生，探索直接感受的「表意識」與
深藏於內心的「潛意識」，便是極為關鍵的核心部分。

為何「心像」會吸引、創造外在結果？

　　發明黑洞一詞的物理學家約翰・惠勒（John Archibald Wheeler，1911-2008）認為，任何粒子及任何力場都是源自於資訊。因此，整個宇宙可以被看作是一台巨大的計算機。英國牛津大學教授尼克・博斯特羅姆（Nick Bostrom）在其論文《我們活在電腦模擬中？》裡，甚至認為有可能是遙遠的未來人類或某種高維度生物創建了這個電腦模擬，而我們活在這個龐大電腦網路的模擬世界中。

　　英國量子物理學家大衛・波姆（David Bohm，1917-1992）在其《整體性，全像宇宙和隱卷序理論》一書中提到：「物質世界並不存在，雖然宇宙看起來很真實，其實它只是一個投影假象，並且是一張巨大的『全像宇宙投影』。」也就是說，他認為

我們所見的物質是一種假像，世界不是物質構築的，而是資訊波及各種振動頻率所構築的；我們感受到的宇宙，其實是外界的全息投影資訊（Holographic Principle），在這個無量之網中，一切只是訊息與振動頻率，物質並不存在，這與佛家《金剛經》提及「一切有為法，如夢幻泡影，如露亦如電，應作如是觀」，實有異曲同工之妙。

量子物理學的研究與發現，著實為「吸引力法則」的原理做了最好的解釋。如果宇宙是全息投影，那我們的心像、信念所投射出來的生命經驗，自然也頗符合宇宙法則。倘若覺得不容易理解，可以用生活中的實例對比，相信會更容易了解。

我們都知道投影機的運用原理，當電腦連結投影機設定妥當後，能將電腦中的檔案呈現在投影布幕上。此時，電腦的檔案內容就好比我們的心智、心像，可進一步想像這部電腦裡有兩個資料夾，一個是表意識資料夾，另一個是潛意識的資料夾。而投影出來的螢幕內容，即為「吸引力法則」的實現結果，以及我們體驗的三維世界的現實生活。

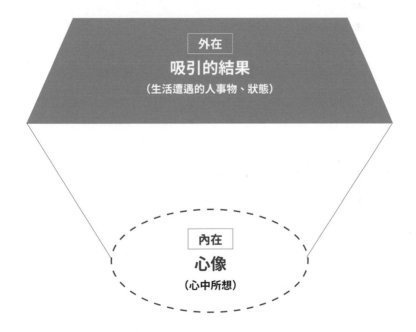

吸引力法則／信念創造實像

吸引力法則的
正面操作

　　瞭解投射原理後，我們便能明白，如要創造（投影出）一個豐盛的人生，勢必要有支持這個豐盛結果的心像（電腦中的資料）。所以，必須審視「心像」中關於豐盛的信念與設定，不論是表意識或潛意識，都必須清除阻礙豐盛的相關信念、修正為對應財富的正確信念，才能完整投射出豐盛的結果。

　　許多朋友告訴我，他們拼命工作、兼差，積極投資想創造更多財富，卻仍是常常入不敷出，或遲遲無法達成買車、買房的心願，究竟問題在哪裡？

　　想必大家都知道，作電腦簡報時，如果內容錯誤，需要修改的是電腦中的文件，而非從投影布幕上塗改，不是嗎？所以，假

使一個人要追求真正的豐盛財富，絕非僅止認真賺錢、投資理財而已，畢竟，這些是屬於心像外「投影布幕上」的結果，除了努力事業外，<u>首要解決之道，是認清自己（心像）對於財富有什麼樣的「信念」（Belief/ Faith），從而調整、與豐盛的頻率正確對焦。</u>

只要循正確路徑，就能像順水推舟般順流而行；如果僅想著改變投影出來的外相（投影布幕），便可能像逆水而行般吃力不討好。

當我們能正確理解「吸引力法則」，理解這宇宙法則是公平地在每個生命上體現，有能力創造自己真心想要的一切，只要讓「心像」與豐盛的頻率正確相應，自然而然在生活中就會開始有足夠的智慧做出抉擇與判斷，並為創造豐盛做正確的努力，成功吸引我們想要的財富。

金錢與能量的
關聯

————

能量流 金錢

第 2 章

萬物皆能量振動頻率。

Everything is energy and that's all there is to it.

愛因斯坦 Albert Einstein

　　豐盛，是一種萬事俱足的狀態。不單單僅指財富的豐盈而已，除了富裕之外，還包含各種資源與關係的助力，充滿支持並協助我們達到理想的目標。就像出國旅遊必須做足該國的基本功課一樣，要在這個世界上獲得豐盛的結果，必須先知曉世界運行的奧秘，方能順行而圓滿的抵達目的地。

　　前一章我們討論到「吸引力法則」的內容，關於表意識、潛意識和吸引力法則的關聯後，接下來要進一步詳細解釋：表意識與潛意識中的「信念（Belief/ Faith）」，如何引動頻率、帶來各種生命的流動。

萬物皆頻率

　　現代量子物理學家幾乎一致表明：萬物皆頻率。宇宙萬物皆有振動頻率（能量波動），不論有形或無形皆有各自的頻率，所以，每個人有不同的頻率波動，包括植物、動物，甚至一張桌子、椅子，都存在著各自的頻率和能量波動，甚至會互相作用，在不知不覺中彼此交互影響。

　　倘若覺得不容易理解，可以暫且把「振動頻率／能量波動」想像成海浪。每個人有各自不同的振動頻率，如同各自帶有不同強度和高度的海浪，當兩人言談互動時，就像兩種不同的海浪會合後，激發出第三種浪潮。我們與不同的人互動，會產生不同的感覺回饋，正是因為能量波動交會的結果。但若要再深入分析，恐怕無法一句話如此簡單的完整詮釋人類的振動頻率。

人類的振動頻率

一 ◆ 外在影響

就外在而言，外在環境的影響也可能改變人的振動頻率，包含聲音、燈光、顏色、視覺畫面……。我們每天走在路上，即使看起來沒做什麼事，實際上已經無意識地接受各種環境帶給我們的刺激與資訊，每個刺激與資訊都帶有不同的振動頻率，默默地影響我們。例如在一個寧靜美麗的湖邊度假、在吵雜而燈光閃爍的 Pub 喝酒、觀看球賽或追劇，甚至交往的良師益友或損友、穿著打扮、食物與飲水、住家的氣場與整潔……，都會在我們未必有意識到的情形下，有不同程度、不同層面的頻率影響。

二 ◆ 內在組成

　　就內在而言，人的意識（潛意識與表意識）、心的感受、身體知覺，也各自有不同的振動頻率，就像大浪裡面有不同組成的強度和高度，均能影響並改變整體頻率與能量。好比我們看了一部感人電影而熱淚盈眶、閱讀勵志故事而激昂振奮、聽了悲戚事件而傷心落淚、靜心冥想後覺得放鬆舒適⋯⋯，在不同狀態下，每個人的能量頻率會有所波動與變化，就像大海不可能完全靜止一般，生命本身就是一種舞動與韻律。

　　而人的意識、心的感受、身體知覺三者關係如何？可以大樹來比喻，「人的意識」就像樹的根基，包含潛意識（約 90%）與表意識（約 10%），這是我們身為人存在最主要的根本，其中包含我們的記憶、想法、感受與信念⋯⋯等等；「心的感受」就像樹的主幹，支撐起我們對外在世界感知的基礎，再傳輸到腦和身心靈各個層面；「身體知覺」則如同大樹的枝葉與花果，與外在世界進行第一道對話與連結。

　　我們與外界互動所得的「身體知覺」與「心的感受」，將會傳輸並影響樹的根基──「人的意識」；相反的，「人的意識」也會影響「身體知覺」與「心的感受」，這是雙向循環運作、

交互影響的，而非單向的傳遞而已。如同努力讀書後考上理想學校，感受辛苦耕耘後收穫的喜悅，同時在意識層次裡，無形中種下「努力付出會有回收」的信念；然而努力萬分卻慘遭滑鐵盧，就有可能在意識裡，無形中種下「努力也不會有回報」的信念，而這個在「人的意識」種下的負面信念，日後也會默默影響「身體知覺」與「心的感受」，遇到類似考試的場合，便會觸發這個信念而感到焦慮萬分、心跳加速、身體冒汗，甚至導致失常、失去信心。

　　世界是雙向的能量流，人類的內在與外在的流動自然也是如此。「人的意識」為根基，如果已種下「限制性（負面）信念」，極容易以此引動各種言行舉止，造成惡性循環的結果。由此可知檢視內在根基，即「人的意識（潛意識 90% 與表意識 10%）」有哪些「限制性信念」，是何其重要的事！

三 ✦ 金錢與能量的關聯

　　既然「萬物皆頻率」，金錢、財富也不外乎是一種振動頻率與能量波動。**每個人在意識層面對金錢的「信念」，將決定這個人如何能引動財富能量流。**時常在生活中覺察自己對於金錢、財富的想法與感受，就是一件非常重要的功課。

　　別忘了「人的意識（潛意識與表意識）」是人類整體頻率的內在根基，在這根基內有怎麼樣的「心像」（參考本書第一章），將會對外在世界投射並創造出對應的結果。例如，假使我們相信必須要非常辛苦才能賺得金錢，就會帶動一個較為滯留、低落的金錢能量流，因此在現實生活中的財富之路，就會比其他人更艱辛顛簸與困難重重。

　　然而坊間書籍或網路資訊大多只是討論至此，很多人將「金錢能量流」掛在嘴上，卻不知道如何更進一步的了解詳細內容與具體運作方法，這是非常可惜的，因為「萬物皆頻率」、「金錢能量流」不該是與現實生活脫鉤的標語，應是能具體改變我們生命的魔法。本書將於第三章至第六章，以這四個章節揭示改變和創造「金錢能量流」的具體內容與運作方法，如能依循次序執行並落實，一定能有不同的轉變。

開啟潛意識冥想

　　找個舒適、不被打擾的地方，建議盤坐。閉上眼，深呼吸3 次，把心靜下來。

　　接下來，運用你的想像力，想像你是一棵大樹，有著濃密的樹葉與樹枝，非常茁壯，仔細的去感覺你身上的枝幹與樹葉，包含微風輕撫的感覺、看著前方景色的感覺……，想像的越細節、越深入越好。

　　深吸一口氣，去感覺你身上的枝葉就像探測器，接收這世界給你的各種訊息。再去感覺你的主幹裡，彷彿有個跳動的心臟，正充滿生命力的跳動著。接下來，去感覺你從枝葉汲取金黃色的陽光，這些金光全部被汲取進來，沿著主幹不斷地往下輸送到根部的地下寶庫。

　　這個寶庫蘊藏你所有的意識，當寶庫被金光充滿，請你對著寶庫大門說 3 次：「我願意打開潛意識」，再深深吸氣，感覺大門緩緩開啟，請走入充滿金光的寶庫中，感覺自己與金光融合在一起。

启動你的
意念雷射光束

———

第 3 章

魔法的
核心

信念使你啟身，希望令你堅持，愛引領你抵達終點。

Faith is what gets you started. Hope is what keeps you going.

Love is what brings you to the end.

安琪拉卡修女 Mother Mary Angelica

你所不知道的力量

你認為自己的「信念」擁有多大的力量？

美國醫師畢闕博士（Henry K. Beecher）於 1955 年提出「安慰劑效應（Placebo effect）」，研究中給予不知情的病人實際上無效的治療，卻因病患「預料」或「相信」治療有效，造成症狀舒緩或解決的現象。與此相對的還有「反安慰劑效應（Nocebo effect）」，例如給予乳糖不耐症患者不含乳糖的飲料，詭稱該飲料含乳糖成分，結果引發各種不適的結果。

《英國醫學雜誌》曾報導，接受假治療的手臂疼痛患者，藥物組（實際上僅給予白糖球）有近 1/3 的患者回報出現嗜睡、口乾、躁動等症狀；針灸組（實際上針頭可伸縮，受試者不會真的

被扎）有近 1/4 的患者回報針灸部位疼痛、腫脹、發紅，而這些副作用正是患者之前被告知可能遭遇的副作用。

2005 年醫生默德（Clifton Medore）發表的論文中，講述一名患者因身體不適，被醫生發現肝癌末期，並告知活不過半年。病患得知後決定放棄治療，意志消沉於半年後離世。之後卻意外發現當時的診斷錯誤，這位患者根本沒有罹患癌症。醫學專家認為，真正的死因是極端壓力和抑鬱焦慮，導致心臟病發作而亡。

美國知名科學家兼心理研究者加德納（Martin Gardner, 1914-2010），於 1988 年曾執行一個心理實驗，他們對一名死囚謊稱，以割手滴血而盡的方式執行死刑，之後便蒙上囚犯眼睛，以木片在他的手腕上作勢劃刀，並將預先準備好的水滴設備打開，讓死囚誤以為自己正在滴血，最後這名死囚真的死了，實際上並非因失血而亡。

1942 年，美國生理學家沃爾特‧布拉德福德‧坎農（Walter Bradford Cannon）提出「巫毒教死亡（Voodoo death）」理論，研究證實，透過宗教信仰上的巨大心理暗示與強烈情緒衝擊，能引起心因性死亡的結果。現在，讓我們停下來思考一下，以上這些實驗或事件，告訴我們什麼？

信念的力量

詩人泰戈爾（Rabindranath Tagore, 1861-1941）曾說：「信念是鳥，它在黎明前仍黑暗之際，感覺到了光明，唱出了歌」。

　　前述這些實驗，是否證實我們相信什麼，便可能創造什麼？如此一來，每一個人都可能是自己生命的魔法師。

　　可惜的是，過去教育強調「眼見為憑」、「科學是王道」的思想，我們從小到大的求學經驗裡，鮮少有如何善用自己意念的教導，導致天生能力日久鈍化，這也是為何現在難以心想事成的原因，我們不是沒有這能力，而是能力嚴重退化。

　　但這並非認為科學不重要，而是必須理解，科學與人類視野均有偏限，以偏概全可能丟失一部分的世界，只有完整而謙卑的持續探索，才能讓生命更開闊寬廣。

　　帶有建設性的信念，絕對是改變生命的魔法之一。如果我們能逆轉過去退化的這個能力，就能開始啟動豐盛魔法的第一步。

拿回你的力量

我們都知道，如果身體肌肉長期不使用，便會退化；而肌肉長期無力將導致骨骼、五臟六腑的歪斜與失調，甚至產生許多疼痛與疾病。身體肌肉的力量如此，心靈上的力量亦復如此。

當我們長久不使用自己的意念，正如同幾十年未使用的肌肉，需要一段時間，耐心的長期復健、鍛鍊後，才能回復原本力量的水平。而鍛鍊心智的最佳方法，就是靜心冥想（Meditation）。

靜心冥想就好比心靈的肌力運動，能幫助我們把意識聚焦、專注在當下。自從 2019 年開始，美國矽谷科技產業掀起靜心冥想熱潮，Google 更在公司內部設立專責部門，帶領員工以靜心

冥想，提升工作效率與生活品質。歐美許多大型企業，深知靜心冥想帶來的好處，甚至在企業大樓裡設置冥想室，專供員工需要時隨時使用。

　　名演員珍妮佛・安妮斯頓（JENNIFER ANISTON）曾說：「靜心冥想是專注在你自己，壓力指數會迅速降低，你會發現自己以更簡單、更好、更平靜的方式與世界互動，感到純然的平靜喜悅來到身邊，這完全改變了一切。當我偷懶不靜心冥想的時候，我能感受到其中的差別」。麗芙・泰勒（LIV TYLER）也說：「靜心冥想和回歸自己，能幫我做出更棒的決定、成為一個更好的母親，並解決現代生活中每天會有的壓力」。

　　維持靜心冥想習慣已逾 30 多年的李察・吉爾（RICHARD GERE）說：「記得我 24 歲開始練習靜心冥想時，試圖藉此掌握自己的人生。我曾經花好幾個月的時間，窩在小小的公寓裡，盡全力的進行靜心練習。我有一種很清晰的感覺，這輩子都會持續靜心冥想，而且永遠離不開靜心冥想，這激勵了我的每一天」。知名主持人歐普拉（OPRAH WINFREY）也大力倡導靜心冥想：「平靜的與自己在一起，回到自己的中心，會帶來一種力量。你無法相信會帶來了什麼，這太令人驚奇了，我只是每天以自己為中心，並且為自己付諸實行，當我這麼做的時候，我的表現會比

平常好 10 倍以上！」

　　生活在現代的工商社會裡，每天早上張開眼睛後，刷牙洗臉、吃飯、通勤上班、工作、與他人交談、使用社群軟體、回家與家人互動……，直到一天結束後閉上眼睡覺，這段時間，我們的注意力幾乎都渙散在外，導致意念無法集中運作。而靜心冥想的鍛鍊，就是要將渙散在外的心智，向內聚焦成雷射光束般的強大意念。

　　靜心冥想的方式和法門種類繁多，我個人偏好簡單而強大的方法。如果想鍛鍊心智、拿回你的力量，最簡單的方式就是從「747 呼吸法」開始：

一 ◆ 練習前準備

　　（1）請找個不被打擾的時間與空間，建議盤腿而坐（空間不允許時也可以坐椅子、雙腳放地上），不用拘泥於單盤或雙盤，散盤亦可，重點在身體能放鬆並穩穩地坐著，腰椎打直、避免駝背。

（2）全程需閉上眼睛練習，如欲加深冥想深度，建議搭配舒適的遮光眼罩，美國研究證實遮光眼罩能快速調整腦波、加強冥想深度與效果。

（3）呼吸法冥想，建議無音樂，或播放無人聲的輕音樂，如果平日壓力大者，可使用有流水聲或雨聲的輕音樂。

二　✦　開始練習

調整好姿勢，戴上眼罩、閉上眼後，請先做 3 個深呼吸，確認身體各部位放鬆至一個程度後（如感覺身體緊繃，可先做幾個伸展動作），再開始以下練習：

	日　間	夜間放鬆版
基本版	**747 呼吸法** 吸氣數 7 秒，憋氣數 4 秒後，吐氣時數 7 秒並同時放鬆全身。	**77 呼吸法** 吸氣數 7 秒後，吐氣數 7 秒並同時放鬆全身。
入門版 （呼／吸 7 秒 困難者適用）	**535 呼吸法** 吸氣數 5 秒，憋氣數 3 秒後，吐氣時數 5 秒並同時放鬆全身。	**55 呼吸法** 吸氣數 5 秒後，吐氣數 5 秒並同時放鬆全身。

可依個人呼吸狀況選擇使用基本版或入門版，如果呼吸 7 秒困難者，建議從入門版開始練習，等到時機成熟再轉換成基本版。

附帶一提，呼吸狀態與我們的生命力量相關，呼吸能拉長者通常狀態較佳；根據古印度阿育吠陀記載，多練習呼吸法亦能健壯身體的呼吸系統與免疫系統，助益著實良多。

開始練習 747 呼吸法

　　每次練習的時間長短不拘，即使利用上班通勤的 5 分鐘亦可，如果想體會特別深入的練習，也可進行 30 分鐘以上的練習，這方法非常適合在現代生活中彈性運用。

　　但每個冥想練習要展現顯著的效果，都必須持之以恆，心理學上所謂習慣養成的數字，21 日是基本數字。我在練習時一般都設定至少一個月，方能領會每個練習的奧妙。

　　鍛鍊心靈的邏輯，與鍛鍊身體的肌肉類似，一次的揮汗如雨也許帶來身體的輕鬆暢快，但唯有長久、持之以恆的運動，才能穩定的帶來健美的身型與強健的體魄，鍛鍊心靈的力量亦復如此。

　　Google 工程師、知名 TED 講者馬特卡茲（Matt Cutts）曾說：「如果你真的夠渴望做點什麼，任何事情你都可以持續做 30 天（If you really want something badly enough, you can do anything for 30 days.）」。

　　讓我們今天就開始練習吧！

從過去學會檢視你的
潛意識

鏡面的
世界

第 4 章

並非所有風暴都是來破壞你的生活，
有些是來清理出你要前進的道路。

Not all storms come to disrupt your life, some come to clear your path.

保羅．柯艾略 Paulo Coelho

認識「潛意識」的
首要技巧

　　第一章介紹了佛洛伊德的「冰山理論」，人的意識組成就像一座冰山，露出水面的只是一小部分的表意識（10% 左右），隱藏在海平面下的絕大部分，便是產生龐大影響卻難以察覺的潛意識（90% 左右）。

　　人的意識（潛意識 90% 與表意識 10%）是人類整體頻率的內在根基，這根基內有什麼樣的「心像」，將對外在世界投射、創造出對應的結果。現實生活中遭遇的一切，皆源自內心的鏡面反射，這世界就像一面鏡子，如實照映我們內心深處的信念。

　　例如，當內心相信必須辛苦付出才可能賺得財富，這個信念將會帶動滯留和難以推動的金錢能量流，然後投射在現實生活的

財富之路，將創造出各種艱辛顛簸與困難重重的狀況。但這並非硬著來暗示自己能輕鬆賺錢就可以解決的，倘若我們想的如此簡單，恐怕是誤會了深似汪洋大海的「潛意識」。所謂「知己知彼，百戰百勝」，唯有真正了解「潛意識」，方可進一步掌握改變命運的鑰匙。

然而，畢竟「潛意識」與我們日常熟悉、容易察覺的「表意識」差異甚大，如果以平常認識「表意識」的方式去理解「潛意識」，恐怕會造成許多錯誤與偏差的結果。所以，認識潛意識的第一步，必須先放下我們對表意識的既有理解，才能摘下有色眼鏡，完整認識真正的「潛意識」。

實際上，「潛意識」未必如我們想的那樣難以窺知，我認為，只要稍加調整思維，理解投射理論的運作方法，那麼「潛意識」就像每個人都擁有的巨大寶庫。**我們過去的生命就像藏寶圖，透過仔細研究藏寶圖的軌跡，就能覓得這個寶藏。**也許一切的秘密，早在今生的人生旅途中已經埋下伏筆。

那些過去在生命中重複出現的負面感受或負面狀況（即使以不同時空、人事物背景出現），通常就是生命給我們的警鐘，提醒那些懸而未解的限制性信念，依舊隱藏在潛意識裡默默地影響

我們、吸引負面的狀況。

生命就像來到地球學習的旅程，每個人都有設定的人生課題必須完成。生命中的負面事件，就像一場考試，考驗我們是否能從中學習到靈魂原本預先設定的結果。當這門功課沒有通過，就像被當掉必須重修，於是便會再遭遇類似的負面事件，即使在不同時空、人事物的背景下，都可能要學習同一門功課。

假設人生功課是學習愛自己，這個靈魂可能設定劇本為小時候被爸爸遺棄，想藉由這個負面經驗喚醒對自己的愛，如果沒有因此學會，可能在人生第一段感情時又體驗被拋棄的結果，在第一段感情被傷害後，靈魂又會設定被劈腿的負面事件上演，藉著重複出現不被愛、被拋棄的負面感受，提醒自己必須盡快學會真正的愛自己。反過來說，如果我們在第一次被劈腿考試時就學會愛自己，生命就不會再出現第二次被劈腿的考試，人生便因此獲得反轉。

所以，回顧自己的生命是一件重要的事，重點是生命藉著過去那些看似負面的體驗，就像是被包裝過、隱藏祝福的禮物來到身邊。當我們揭開這個禮物，看見裡面暗藏的真實信念之後，就有能力正中紅心，為自己的未來創造更好的局面。

打開隱藏祝福的禮物

【步驟 1】

　　找個舒適、不被打擾的地方，準備紙筆或靜心手札放在桌上。可以選擇一首幫助你深入過去回憶的背景音樂，能帶動感受情緒的音樂最為適合。閉上眼，深呼吸 3 次，把心靜下來，感覺心彷彿與旋律一起曼妙共舞。

【步驟 2】

　　允許自己開始回憶往事，寫下 3 個讓你感受最強烈的負面事件，每個事件寫出以下內容：

- 時間：大概即可，例如小學二、三年級
- 主要人物：1 ～ 3 位均可，例如爸爸與某老師
- 負面經驗：例如某老師因為我在學校拉扯同學，找了爸爸到學校，爸爸一看到我就打我一巴掌
- 我的感受：例如我覺得很羞愧，也對爸爸很生氣，為什麼不了解事發經過就冤枉我（書寫過程有情緒反應是很正常的事，請不要壓抑，允許宣洩真正的感受，做自己最好的朋友並支持自己）

【步驟 3】

　　寫完 3 個負面事件後，請閉上眼睛，保持深呼吸，允許自己用超越生命的角度觀看這 3 個負面事件，問自己有沒有發現那些類似之處？把這些類似點都寫下來。

【步驟 4】

　　思考為什麼會重複發生？是否有些生命功課未及格所以必須重修？

現存的感受，
不一定就是真相

　　日常生活中的「表意識」極易察覺，例如我們感到肚子餓了、上台報告前的緊張感、遇見心儀對象的心跳加速、看了溫馨電影的感動萬分、遇見不公義事的激動憤慨……，這些畢竟是露出海面的冰山，屬於容易掌握的直接感受，自然是輕易可認知的。

　　但「潛意識」就並非如此了！甚至很多人的潛意識，藏有許多與表意識相反的部分，與自己以為的認知完全不同。因為潛意識廣大深遠，甚至可能涵蓋前世與平行時空、平行生命的糾結。

　　個案曉明（化名）一直有金錢的困擾，從小因為父母離異，她與母親、弟弟一起生活，母親依靠幫傭的微薄薪水照顧家裡，所以曉明高中時就開始半工半讀幫忙母親。到了大學依舊打工賺

錢，好在家裡的經濟狀況較之前穩定多了，曉明一心想著，也許大學畢業就能好好過自己的生活、不用再背負家裡的重擔。

不料大三那年，母親因誤交損友，欠下龐大賭債，弟弟因交通意外也失去工作能力，所有的重擔都落在她身上。她來找我時愁容滿面，一直重複說著：「我真的很想要致富，想趕快賺大錢，趕快解決這些問題……」，當我看著她的眼睛時，感受到的卻是她內心深處懷著想逃避財富的恐懼，我並沒有說出口，因為，我希望她能進入潛意識自己看見。

我引導她躺下，開始放鬆身體。隨著引導，她很快就進入深度的潛意識狀態。她說自己好像身處於歐洲古代某個修道院，看起來是個傳教士，掌管某個修道院的財務……我持續引導她進入潛意識的這個片段。

她發現當時自己為了私心與掌控權勢，把許多款項挪為己用，即使遭逢飢荒，也不願意將修道院的資源佈施民眾，後來被其他傳教士揭露，最後逃出修道院被難民們以亂石、棍棒打死。當她回溯、穿越那世的死亡過程時，發現死亡前立下深藏的誓言：「我永生永世都不該擁有財富，才能贖罪」。而這樣的誓言，竟是導致她今生從小家境困頓、長大後又遭逢變故的原因。

　　透過與潛意識溝通，我引導她一步步與村民、其他傳教士和解，最後也與自己和解。她原諒了那世的自己，解除那世立下的誓言，清理潛意識中阻礙財富的程式。當催眠結束後她起身時，我看見她整個人發亮，彷彿被甘霖洗滌過，往認識自己又更跨進了一大步。

　　後來她告訴我，母親的賭債意外出現了一個貴人幫助，讓她的壓力減緩不少，也讓她更理解到原來生命是潛意識的鏡面投射，過去的負面信念，創造了今生的痛苦經驗，但也因為這個鏡面的世界，讓她有機會認識、處理自己的內在。當她願意看見潛意識的根源，並加以面對、清理，生命也開始隨之改變。

　　每個人都擁有改變生命的鑰匙，只要你願意好好認識自己（包含潛意識），就能在鏡面的世界裡，擁有翻轉生命的力量。

當你眞心渴望時，
全宇宙都會聯合予以協助

點燃心
之火光

第 5 章

當你真心渴望某事，全宇宙都會聯合起來幫助你達成。

When you want something,

all the universe conspires in helping you to achieve it

《牧羊少年奇幻之旅》／保羅．柯艾略 Paulo Coelho

　　《牧羊少年奇幻之旅》書中，撒冷老國王對即將出發尋找夢中寶藏的牧羊少年說：「當你真心渴望某種東西時，整個宇宙都會聯合起來幫助你完成」。「渴望」就像生命的燈塔，不僅指出生命的方向，更照亮我們的人生道路。

　　而你，渴望什麼樣的人生？

拋開內心束縛，
點燃渴望

　　記得幾次大型演講中，我問在座聽眾，誰明白「自己要什麼樣的人生？」，上百人中僅屈指可數的人舉手，甚至很多人不曾問過自己這問題，著實令我震撼。這個自小不斷對自己反覆提出的問題，是我維持人生方向極為重要的思辨與指引。小時候我們幾乎都寫過類似「我的志願」這樣的作文主題，為何長大後卻遺忘何謂夢想與渴望？有學生告訴我：「老師，我現在都已經是兩個孩子的媽了，每天生活一團亂，我哪敢想什麼夢想？我對人生根本沒能力改變什麼……」，但換個角度想，倘若就這樣在現實中隨波逐流，麻木的一日度過一日，當有一天意外降臨、要離開這世界時，你是否會後悔未曾好好活過？

　　阿爾貝・卡繆（Albert Camus，1913-1960）曾說：「沒有

真知灼見，就不會有真正的善和高尚的愛」，我們必須先看清楚自己的生命，才能引發純善的果實。**想知道如何好好活著，首先必須從「死亡」中視見、學習**。記得從很小的時候開始，我就常常問自己：「如果明天就離開這世界，我會不會後悔？」我的生命哲學很簡單，就是盡可能不讓自己後悔。也許有些人認為，這是否代表要積極的填滿行程表，或瘋狂上課學習，讓每天多采多姿？對我來說，並非如此。

「不後悔」，並非盲目追尋活在當下的偽存在感；相反的，我會先選擇靜下來，花多一點時間與自己進行內在對話，透過自我思辨，找尋真心渴望的生活方式。相對論之父愛因斯坦有句話深得我心：「如果我有 1 小時拯救世界，我會花 55 分鐘思考問題，只用 5 分鐘想解答」。很多時候，別急著找出最後答案，生命就像旅程，它並非在知道目的地時結束，知道答案只是旅程的開始，這趟旅程的美妙之處，就是旅途中各種非預期的體驗，而你仍然保有時時刻刻傾聽內心、調整答案的自由。

永遠記得，問自己「渴望什麼樣的人生」時，不是急著期盼獲得一個答案安慰自己，而是透過這問題——認識自己。因為，真正的「渴望」不存在於社會的價值裡或他人的眼光中，「渴望」只存在於你獨一無二的「心之火光」裡。

我是誰？
我要什麼樣的人生？

　　要點燃「心之火光」前，你必須先放下那個原本以為的你，卸下所有的稱謂與關係，歸零之後，重新開始認識自己。透過身為人獨特的「感受力」，是打開「心之火光」的鑰匙。

　　當卸下我的姓名，我是誰？
　　當卸下我是某人的兒女、兄弟姊妹或另一半時，我是誰？
　　當卸下我的職稱、工作、社會地位，我是誰？
　　當斷開我的學歷、成就、存款與資產後，我是誰？

　　美國少數真正開悟的靈性老師阿迪亞香提（Adyashanti）曾在其著作《受苦的力量》中說道：「沒人告訴過我們，『真正的我們』是一個覺知之點，或者是純粹的靈性。

　　我們向來不是這樣被教的，我們被教育要認同自己的名字，我們被教育要認同自己的生日，我們也被教育要認同所有頭腦收集的、關於過去的記憶，但所有這些只是一種教育，所有這些只不過是更多的思想罷了」。

　　「真正的你之所是，甚至在你稱它『男性』或『女性』之前就已經存在了。真正的你，早在我們宣稱『好』或『壞』之前、『值得』或『不值得』之前就已經存在了。」

　　「真正的你，比你所說的真正的你更為根本」、「一旦你相信，你為自己貼上的那些標籤是真的，你便限制了某種其實是無限的東西，你是將『真正的你』局限成一個小小的想法了」。

　　阿迪亞香提一針見血的指出，現代人無法真正自由的核心原因。

回歸眞我冥想練習

　　透過這個冥想練習，能幫助我們找回真正的自己，才能進一步了解真正的渴望。為了方便大家練習，特別錄製了冥想引導影音，您可掃描下方 QR code 並下載音檔。

　　請記得，心靈的鍛鍊如同健身訓練一樣，也需要多次而持續的練習，就能看見顯著效果，請重複練習。

　　允許自己靜下來，閉上眼後，緩慢的深呼吸 3 次。接下來，透過你的想像力，想像那些名稱、關係、社會價值……，就像厚重的大衣一件件加諸於身上。

　　以下每個問題，請至少給自己 1 分鐘以上感受並回答，也可以拿紙筆記下感受與答案，留下紀錄，等過一段時間再做練習時，可交叉比對出自己的不同。請記得，這是專屬於你的練習，沒有好壞對錯，沒有真正的標準答案，一切是為了探索更真實的自己，你只需要在當下真心誠意的去感受，然後真心誠意的告訴自己答案。

1. 當你穿上「名為你的名字」的厚重大衣，感受如何？

2. 接著再想像自己穿上「我是某人的兒 / 女」的大衣時，感覺如何？

3. 再想像自己穿上「我是某人的兄弟 / 姊妹」的大衣時，感覺如何？

4. 想像自己穿上「我是某人的另一半 / 男女朋友」的大衣時，感覺如何？

5. 想像自己穿上「我的職業○○（請具體說出）」的大衣時，感覺如何？

6. 想像自己穿上「我的學歷○○（請具體說出）」的大衣時，感覺如何？

7. 想像自己穿上「我所有的存款與資產」的大衣時，感覺如何？

8. 當我脫下、丟下「名為你的名字」的厚重大衣，感受如何？

9. 接著再想像自己脫下、丟下「我是某人的兒 / 女」的大衣時，感覺如何？

10. 再想像自己脫下、丟下「我是某人的兄弟 / 姊妹」的大衣時，感覺如何？

11. 想像自己脫下、丟下「我是某人的另一半／男女朋友」的大衣時，感覺如何？

12. 想像自己脫下、丟下「我的職業○○（請具體說出）」的大衣時，感覺如何？

14. 想像自己脫下、丟下「我所有的存款與資產」的大衣時，感覺如何？

15. 最後，想像自己把所有丟下的這些大衣，用一把火全部燒掉後，你感覺到什麼？

潛意識中，我認爲自己
「值得」擁有什麼

第 6 章

海面下
的暗礁

有傷口的地方，就是光進入生命的地方。

The wound is the place where the Light enters you.

༄ 波斯詩人／魯米 Rumi ༄

前一章討論到透過深入地認識自己、打開感受力，點燃「心之火光」，能進一步引動全宇宙來協助達成生命的渴望。但這過程說來簡單，真要踏實在生活中實踐，則須透過正確方法，逐步完成。

「回歸真我冥想練習」是認識自己的第一步，相信有完整練習的朋友，必定開始有不同的收穫。請務必多加練習，讓內心回到相對純淨的狀態，因為當我們背負著各種標籤及他人賦予的期望、價值觀時，在這樣層層厚重的覆蓋之下，無法揭露內心真正的渴望。

我們慣於用社會價值看待自己與他人，日復一日，離真正的自己越來越遙遠，當我們離自己太過遙遠，又怎能知道自己真心期盼什麼？

連結你的真實渴望

　　提醒每個正在閱讀此書的朋友，「發掘自己對生命的渴望」絕非一件容易的事，千萬別輕忽它。過去我遇到不少人，年輕時認為自己真心渴望致富，耗費泰半青春與精力後，驀然回首，赫然發現要的不是這些。有些人更是將近生命盡頭，才驚覺當初的願望並非真心的渴望，只不過是依附社會價值與他人期待下的產物。

　　根據研究統計，人們臨終前後悔沒好好活過的比例高達九成。所以，給自己一段時間，靜下來好好思考你的渴望，是非常重要的事，它是你生命的燈塔，也是生命之光所在。

　　凡是想好好認識自己的朋友，我強力推薦找一本喜愛的筆記

本，作為「靜心手札」，把想對自己說的話和各種感受寫下來，也把冥想練習的過程與收穫記錄下來，透過手部書寫的過程，帶動心輪的運作與清理，你會發現透過書寫，更容易挖掘平常難以覺察的自我面貌。所以，請拿起紙筆或靜心手札，開始與自己對談：

「我渴望過什麼樣的人生？」

「我真心想擁有什麼樣的生活品質？」

完整寫完之後，靜下來再回頭檢視一次，將你懷疑是來自他人或社會價值影響的部分，用不同顏色的筆標記出來，並再一次誠實的釐清與確認。也就是說，你可以把再次確認的答案，用另一種顏色的筆補充上去。

誠如維儂・霍華德（Vernon Howard）所說：「真正強大的人不需他人認同，就像一頭獅子不需要綿羊的讚賞」，仔細釐清內心哪些部分來自他人或社會的影響，這個內在清理過程非常重要，是壯大實現夢想能力的根本方法，也是必須反覆於生命中檢視、確認，而無法一次達標完成的工作。畢竟，生命的美好值得細細品味，反覆探索才能真正窺探自我的豐厚奧秘。

為何無法點燃真實的渴望？

　　練習連結真實渴望時，不少人會遇到一些問題。有人感覺不到自己究竟要什麼；有人似乎感覺到自己要什麼，卻沒有伴隨強烈渴望的感受，或是沒有更進一步在生活中踏實執行的動力。前者通常是離真實自我太過遙遠，後者則與潛意識中「相信自己是否值得擁有」的信念有關。

一 ◆ 與真實自我距離太遠

　　有學生曾問我，做「回歸真我冥想練習」時，卸下所有標籤與關係後，為何沒感覺到自己、只剩下空蕩蕩的感覺？那「我」究竟是什麼？

　　「我是誰？」是每個人終其一生必須不斷探索的問題。永遠不要停下來，你必須透過不停地探索自我，才能不斷地增加生命的厚度與質量，如同宇宙的擴展未曾停歇。

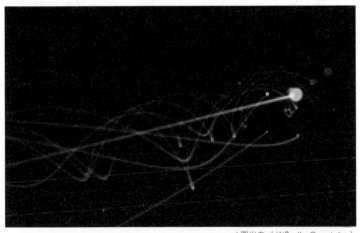

（圖出自／DjSadhu@youtube）

　　我們在地球上，每天所見的日出日落，看似未有太多移動，但你可知道，整個太陽系是星球們繞著太陽瘋狂飛奔的嗎？太陽以時速 7 萬公里的速度，不停地往前奔跑（如上圖），地球則繞著飛奔的太陽一同運行。整個太陽系不斷前行，我們渺小的人類又怎能就此停下腳步？

　　當卸下所有名稱、各種關係之後，「我」是誰？要探索這問題其中一個重要的角度，就是回到你誕生在這個世界的初始。我

們在母親胎中，第一個形成的器官是「心臟」，心臟就是認識自己最重要的開始。當新生兒在這世界張開雙眼探索時，用「心」感受到的一切就是最珍貴的寶藏，也是與「我」最接近的距離。我們必須平等看待這些「感受」，如同宇宙或大地容許萬物共存一般。我們接受快樂與喜悅，也接受悲傷與憤怒。

我們擁抱正向、光明的自己，也同樣展開雙手擁抱消極、陰鬱的自己。「我」的完整，必須建立在包容與接納之上，不論是他人或自己喜愛與否的部分，都願意真心擁抱、接受。在這樣的前提下，我們不需隱晦、掩蓋害怕別人討厭的那個自己，勇敢接納真實的自我，才能擁有心靈的自由度。

至於如何得知與「真實自己」的距離？這裡提供一個很簡單的「五大提問檢測法」，請在生活中多觀察自己，並真誠的自我檢視（誠實才能看見真相）。

越接近真實自己，這五大提問的肯定答案越多。但檢測的精準度取決於對自己的覺察力與真誠度，換言之，這五個提問並非單純書面檢測，而是必須在生活中"持續"保持自我覺察，並誠實、不欺瞞自己所給出的答案，便能看見真正的結果。

五大提問檢測法	是	否
1　生活中我能否真心開懷的笑、難過也能痛快地哭？		
2　我的情緒感受是否流動順暢？不會因懼怕他人眼光而壓抑自己的感受。		
3　與他人相處時，我注意「自己的感受」多過於注意「他人對我的感受」？		
4　對於攸關自己的事務，我敢於表達真正的想法，即使明知他人未必贊同？		
5　我不會為了維持關係和諧而常選擇隱藏、委屈自己？也不會為了捍衛自己而故意破壞他人的關係？		

二 ✦ 相信自己是否值得擁有

　　連結真實渴望的過程中，有人似乎感覺到自己要什麼，卻未伴隨強烈渴望；或雖然感覺到渴望，卻沒有在生活中執行的動力。這兩種狀態通常與潛意識裡「相信」自己是否「值得擁有」的信念有關。當內心深處認為自己不值得擁有（不論是擁有成功、財富或其他部分），將造成頭腦與心隔絕的狀態，輕者是「頭腦」覺得應該積極運作、努力執行是正確的，但「心」卻後繼無力，最後造成行動力低落或判斷錯誤的結果；而頭腦與心隔絕較嚴重

者，投射到生活中，可能已耗盡力氣的努力付出，但最終依舊無法如願的結局。

潛意識「相信自己不值得擁有」的限制性信念，通常來自於過去「愛（各種關係）的創傷」，而這種信念通常埋的頗深，一般人較難輕易覺察。

個案毅廷（化名）一直希望能在職場上有所突破，卻總是公司一間換一間，不是覺得工作無趣沒有前途，就是被老闆嫌不夠積極被炒魷魚。他也曾放下工作好好準備國家考試，無奈準備了3年依舊落榜，只好再返回職場當個不上不下的上班族。隨著年紀不斷增長，他意識到自己再這樣下去可能會中年失業、一事無成，於是決心想改變自己，藉由我引導他進入深層潛意識找尋關鍵。他的潛意識跳出來的第一個畫面，是年幼時那個酗酒、家暴、後來又拋家棄子的父親。畫面中，父親酒後瘋狂毆打母親要錢，一邊咒罵瑟縮在牆角的小毅廷是廢物、只會吃什麼都不會……。過程中個案哭到全身發抖，我引導他勇敢的面對父親，把內心真正的感受完整的表達出來，用了很多技巧幫助他重建潛意識。

從催眠中喚醒後，他起身驚訝地告訴我，自己完全不記得小時候發生的這些事，他過去只覺得奇怪，好像許多幼年回憶是空

白的，但進入潛意識後，那些畫面卻又如此鮮明，連客廳的擺設與空氣中的味道都異常清楚，他才猛然明白，原來那些記憶太痛苦，以致表意識選擇刻意遺忘。但這些創傷並不會因為表意識的遺忘而消失，相反的，當創痛壓抑到潛意識時，創傷造成的限制性信念，仍持續默默地影響著我們的生命。

當年父親的爆打與咒罵，讓潛意識種下相信自己永遠無法成功（不值得擁有成功）的信念，導致他職場顛簸、考試不順。透過潛意識溝通與調整後，他選擇原諒當年那個責怪自己無力保護母親的小男孩，也選擇支持自己、做自己最堅強的後盾。記得他離開時告訴我，這輩子從未有現在如此胸口開闊、雙肩輕鬆的感覺，好像卸下一個無敵巨大的包袱，他臉上的笑容令我印象深刻。

詩人魯米（Rumi）曾說：「有傷口的地方，正是光進入生命的地方」。生命難免經歷挫折與考驗，當我們選擇不再逃避、正視心中的苦楚，勇敢穿越暴風雨後，就能擁有風雨後的寧靜與明亮。可以選擇一輩子憎恨某人或某事，也可以選擇讓它成為自己生命中的養分。你不一定需要原諒他人，但你必須真心原諒自己，放下那些包袱，才能張開雙手擁抱未來。正如瑪麗蓮夢露（Marilyn Monroe）說的：「每個人都是星星，都擁有閃耀的權利」。

現在的你，
可能是所有過去的總和

生命之流

第 7 章

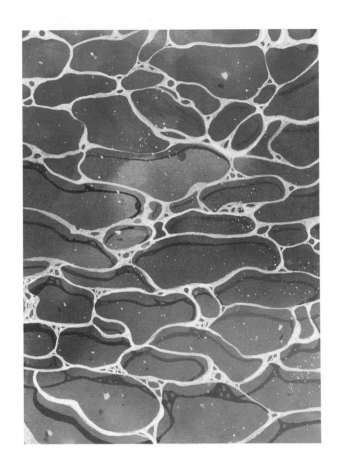

此刻發生的所有事，都是你過去選擇的結果。

Everything that is happening at this moment is a result of the choices

you have made in the past.

時代雜誌全球百大人物之一／美國醫師作家

狄帕克・喬布拉 Deepak Chopra

　　常聽人說，生命要活在當下，但我們是否曾經停下來仔細思考，什麼是「活在當下」？

　　有人說，活在當下就是拋開過去、別讓自己活在過去，也別活在對未來的想像裡。每當我看到這樣的說法，心中不免升起許多疑惑。

　　如果活在當下就是拋開過去，那為何我們從小就要研讀歷史？為何自古以來認為史記能讓我們鑑往知來？倘若活在當下，就是別活在對未來的想像裡，那又為何尼采與愛因斯坦都說「人因夢想而偉大」？

　　我的指引曾告訴我：「生命是無法切割的洪流，你無法在流動的河水中切取某部分令它停止，但你可以允許自己雙腳踏入其中，閉上眼，享受沁涼河水流過肌膚的感受，那就是生命的當下。」

　　活在當下，也許並非指積極做某種行為，也許我們必須先透徹思考，什麼是生命的「當下」？

現在是過去的總和

　　以時間的線性來看，現在的我們，是過去無數的自己累積而成。回顧自己，是那個過去某一日誕生於地球的嬰兒、稚嫩的小學生、青澀的少年少女、不大不小的大專生、初入社會的新鮮人、日復一日的上班族，或被家庭淹沒的主婦……。

　　你是否曾在黃昏或夜晚，放一首你愛的音樂，在旋律中閉上雙眼，仔細回顧過去的生命？

　　我喜歡每隔一段時間就回顧自己的生命，就像把舊書拿出來再次研讀一樣，每次總能發現新的領悟。讓看似停止的過去，不斷在未來的生命裡激發新芽，這是我阻止自己被生活淹沒、保持生命視角清晰的習慣之一。

　　如果過去沒有意義，歷史就沒有存在的必要。相反的，人類冀望從過去歷史中學習成長、不重蹈覆轍，這也代表我們一樣要從自己的過去汲取經驗，從過去的失誤中學習進步，轉化為生命的養分。在檢視過去的過程中，有二個重要的提醒：

一 ◆ 過去的失敗不是真正的失敗

　　我認為，世界上最勇敢的人類，就是剛開始學步的幼兒，看著他們一次又一次跌倒後，毫無畏懼的重新開始起步，一點也不在意旁人的眼光，那種純粹而渾然天成的勇氣，令人欽佩。可惜我們長大成人後，反而容易在意他人與社會世俗的想法，甚至因此不允許自己跌倒、失敗，開始殘忍的苛責自己，就像一個嚴厲的父母不容許孩子犯錯一樣，逐漸失去對自己的愛與包容。

　　過去的失敗不是失敗，當我們無法從過去的挫折中再站起來，那才是真正的失敗。**允許自己挫折與失敗，是一種非常重要的能力**，有了這個能力，你才能靜下心來、客觀審視過去需要改進之處，勉勵未來不再犯相同失誤，幫助自己重新站起來。如果沒有允許自己挫敗的能力，一旦遭逢挫折，就容易一蹶不振，成為陷入無限懊悔迴圈的易碎品。

二 ◆ 對自己生命負起責任

我觀察許多財富或事業出現困難的個案，幾乎都有無法對自己生命負責的課題，這問題甚至經常是無法自覺的。美國作家狄帕克·喬布拉曾說：「此刻發生的所有事，都是你過去選擇的結果。」這段話是對世間因果業力的最佳註解。

我們應當清楚認知，當生命走到現在，我們必須完全為自己的生命負起責任，因為過去你的每個選擇與決定，造就了現在的你，這也是一個成功者必備的基本能力——對自己的生命負責。

鑒於許多人難以覺察自己是否有無法負責的情況，這裡列出幾個檢視方式，供大家參考：

1. 我是否有慣性拖延或遲到的行為？

慣性遲到與拖延（包含承諾無法履行），是無法為自己生命負責的第一個顯著指標。這裡不包含偶爾發生的狀況，但倘若遲到與拖延時常發生，即使外觀看來是他人或環境的問題（例如塞車、交通事故或其他意外），依舊是生命透露給自己的訊息，請張開雪亮的內心之眼看見這個提醒，因為外在狀態即為內在狀態

的投射。

2. 我是否常將過錯或不幸歸咎他人或環境？

　　約翰・巴勒斯（John Burroughs）曾說：「一個人可能會跌倒很多次，但直到他開始怪罪別人，才算真正的失敗」。你是否曾經仔細觀察過自己，當遭遇不順或困難時，內心與外在的第一個反應是什麼？（請將內心與外在分開觀察，因為時常內外相異。）

　　如果第一時間習慣怪罪他人或環境，而非採取更有建設性的想法與做法，這也是無法為自己生命負責的指標。當無法為自己生命負起責任，就常常會無意識地選擇將力量轉換為怪罪他人，畢竟，跟自己一肩扛起責任比起來，歸咎、責罵他人輕鬆容易多了。網路上猛敲鍵盤的酸民，亦復如此。

從古老智慧中，
獲得豐盛的勇氣

太陽的教導

第 8 章

昨天的我很聰明，所以想改變世界。

今天的我充滿智慧，所以我正在改變自己。

Yesterday I was clever, so I wanted to change the world.

Today I am wise, so I am changing myself.

波斯詩人／魯米 Rumi

　　在古印度阿育吠陀的智慧裡，人類有七大脈輪（7 Chakra）能量中心，分別掌管不同部位的能量樞紐，同時照映身為人類的七大生命課題。這七個脈輪由下往上，依序是：

1. 海底輪（Root chakra）：

　　以會陰為中心的球形能量場，通常呈現紅色光。第一脈輪影響人類的生殖系統，同時照映生命的第一個課題——基本經濟能力、穩定的工作或收入。第一脈輪與孕育有關，也代表與母親或

大地的關聯。

2. 臍輪（Sacral chakra）：

以肚臍為中心的球形能量場，通常呈現橙色光。第二脈輪亦攸關人體生殖系統，同時照映生命的第二個課題——基本感情關係，例如家庭、親友的支持，與安全感有關。

3. 太陽神經叢（Solar plexus chakra）：

以胃為中心的球形能量場，通常呈現金黃色光。第三脈輪影響人體消化系統，照映生命的第三個課題——自信與勇敢。相較於第一脈輪表彰的基本經濟能力，第三脈輪代表的是更高層面的事業與財富狀態。也與父親或太陽相關。

4. 心輪（Heart chakra）：

以胸口為中心的球形能量場，通常呈現綠寶石色光。第四脈輪影響人體心血管、呼吸系統，同時彰顯生命的第四個課題——愛。

第四脈輪位於七大脈輪的中心點，教導我們關於愛的學習，必須從「愛自己」出發，當我們無法愛自己時，就無法真正的去愛其他人。愛自己與自私完全是兩碼子事，愛自己是把自己當作

最好的朋友，關心他的感受、在意他的需求、給他愛與支持，必要時也適度的鞭策他，遭遇痛苦挫折時，全心陪伴他。

5. 喉輪（Throat chakra）；

以喉嚨為中心的球形能量場，通常呈現藍色光。第五脈輪照映生命的第五個課題——自我表達與溝通。這裡提到的「表達」不僅僅限於言語，其他各種形式均屬之，諸如繪畫、音樂演奏、歌唱、寫作、行銷創意……均與第五脈輪有關。

6. 眉心輪（Third eye chakra）：

以眉眼為中心的球形能量場，通常呈現藍紫色光。但並非一般人想像在雙眉中間的第三個眼睛，而是頭部的整個眉眼延伸於後的切面，均為第六脈輪範圍。眉心輪也被稱為第三眼脈輪，照映生命的第六個課題——智慧與洞見。

7. 頂輪（Crown chakra）：

以頭頂（百會穴附近）為中心的球形能量場，通常呈現紫色光。第七脈輪照映生命的第七個課題——與神或更高意識的連結，也與回歸自我神性有關。

豐盛能量樞紐

與豐盛最直接相關的能量樞紐，分別是第一脈輪「海底輪」與第三脈輪「太陽神經叢」。從古老傳承中，我們可以學習許多讓自己更豐盛的智慧。

一 ◆ 海底輪

海底輪掌管基本生存需求，包含是否能溫飽？是否有遮風避雨的家宅？是否擔憂未來衣食無缺？所以海底輪有創傷或能量破損者，會投射、反應在現實生活中，造成基本經濟堪憂的狀況，不論客觀事實是否如此。

亦即，客觀上有些人的確會反應出無法溫飽或月光族的現

象，但也有些人即使客觀上豐衣足食、甚至錦衣玉食，心中總有莫名的經濟擔憂，這也與海底輪的狀態有關。

至於海底輪受創的原因，有些人是自小家境困頓的遭遇，有些則是與母親之間的創傷相關，這些負面感受深藏於潛意識，默默地阻礙了豐盛。別以為它們會隨時間淡化褪去，潛意識是超越時空的領域，如要根本解決，必須面對潛意識中過去與此相關的負面感受，透過內在療癒清除這些負面影響。在面對與清除前，這些創傷將恆存於潛意識中。

此外，如果想在生活中加強海底輪的運作，除了日常練習脈輪冥想外，也可以多食用根莖類蔬菜、多接觸泥土與植物、利用運動或瑜珈多練習下盤肌力，這些都有助於強化你的海底輪，強健經濟基礎的投射。

二　◆　太陽神經叢

太陽神經叢位於消化系統，照映第三個人生課題——自信與勇氣。倘若將海底輪比喻為農業社會，太陽神經叢就好比現代的工商社會一般，當人類生活已獲得溫飽與安居，接下來便是事業版圖的拓展與發達，所以一個真正事業有成或豐盛圓滿的人，通

常也擁有較為強健的第三脈輪。

　　這個脈輪能與太陽的能量連結，發散出金黃色的光芒，多練習太陽神經叢的冥想可強化信心，讓我們更有勇氣做出正確的選擇與行動。但是當太陽神經叢受損時，相對地也可能影響現實生活中的事業層面。

　　太陽神經叢受損的常見原因有兩個：其一是與父親相關的創傷尚未療癒。原生家庭的創傷常被深埋於潛意識中，縱使表意識已遺忘或不在意，在潛意識中卻不會隨時間逝去而淡化，直到願意面對、釋放與療癒自己為止。

　　第二個太陽神經叢受創原因，是憤怒的情緒長期累積而未釋放，這樣的狀態通常也伴隨胃食道逆流的徵狀，解決方法是「以不傷害他人的方式宣洩情緒」，不論是到無人的海邊或 KTV 包廂內怒吼，或洗澡時在浴室內宣洩憤怒均可，大家可以盡情發揮釋放情緒的創意喔！

太陽的教導

　　你喜歡太陽嗎？如果喜歡，在炎熱的仲夏裡，無遮蔽的站在太陽底下運動 2 小時後，還依舊喜愛陽光嗎？如果不喜歡，在凜冽酷寒的冬季裡，感受難得溫暖的日曬，那麼陽光依舊這麼不討你歡心嗎？

　　但太陽教導我們，不論是否喜歡它，都未曾影響它散發的光與熱；相反的，它從不為他人發光發熱，它為自己發光發熱。太陽位居太陽系的核心，以七萬公里的時速快速前行，其他太陽系的星球，莫不緊隨它的腳步，在旁一同前行。太陽就像站在世界的中心，看著全世界為它演出，不論你如何看待它，它依然堅持做自己。

　　做自己，並非不顧他人的自利行為。真正的做自己，是你清楚明白自己是誰？你在乎什麼？不在乎什麼？你要什麼？不要什麼？你清楚明白自己的人生掌握在自己手中，清楚明白人生短暫只能有這次機會，清楚明白生命的體驗是珍貴的教導；願意

為自己的理想放手一搏，願意在黑暗中相信希望、在風雨中激勵自己，願意赴湯蹈火尋覓心中的真理，願意站在世界的中心溫柔看待一切可能，這才是真正的「做自己」。

　　另一方面，太陽也教導我們，不論你是誰、不論貧富貴賤、不論男女老少，陽光都願意分享自己的光，賜給無遮蔽的地方。古詩人魯米說道：「要像太陽一樣的優雅與慈悲，像塵土一樣的謙虛；把你的內在表現出來，成為表裡如一的人」。太陽是豐盛的代表之一，學習它的特質，也能讓我們擁有太陽般耀眼的豐盛。

七大脈輪幸福冥想

　　七大脈輪與我們人生七大課題相關，時常練習脈輪冥想，就如同運用古老的智慧，協助平衡身心、調整頻率，幫助我們擁有更強大顯化豐盛的力量。

　　請掃描下方 QR code 下載音檔，持續練習。

從土元素學習

如何孕育你的理想、事業與財富

第 9 章

地球母親的

豐盛典範

我們已經走得太遠，以致於忘了當初為何要啟程。

We already walked too far,

down to we had forgotten why embarked.

天才詩人／紀伯倫 Kahlil Gibran

　　北歐古老的信仰裡，豐盛魔法也常與四大元素的「土元素」息息相關。自古以來，人類賴以生活的一切均依附大地孕育而生，不論是食用的麥子、稻穀、菜苗、家畜、飲水、房舍……，大地就像一位無怨無悔的母親，持續供給並呵護我們。古希臘羅馬的豐盛女神，也被描繪為手持羊角、裝滿各種果實與食物的美麗女神，其他不論是大地女神蓋亞（Gaia）、農業女神狄蜜特（Demeter）等帶來豐饒富裕的神祇，均持有豐裕之角。

　　大地母親孕育、包容地球上的一切，就是豐盛的最佳典範，如果我們能與大地持續連結，便能共享源源不絕的豐饒力量。「接地（Grounding）」，是強化我們與地球連結的一種方式。現代生活中，我們穿著橡膠鞋底在瀝青道路上行走、在人造建築裡活動、被電線與各種無線電波圍繞、吃著各種精緻的再製食物與飲料……，當我們開始失去與大地的聯繫，生活便開始產生各種失衡與匱乏。

　　古印度七大脈輪系統中，最重要的即為最初始的「第一脈輪——海底輪」，就像一個幼兒還不會走路卻想奔跑，勢必摔得滿身傷，人生的道理自然也相同。海底輪教導我們必須與大地相連，穩穩踏出每一步，才能建構平衡又穩固的生活，當基礎穩固，才有興築高樓的可能性。永遠不要忘記，「開始」是最重要的——別忘了存在的根本，別忘了我是誰、我為何開始做這件事。回到最初的純粹，是回歸平衡的最佳方法。

　　「接地（Grounding）」並非神秘古老的傳統所獨有，當代精神科醫生也推薦給需要管理壓力、處理焦慮以及遭遇創傷後的障礙者。《今日心理學》雜誌談到：「腳踏實地的接地，意味著我們對自己的狀態感到滿意，對自己做出的決定充滿信心。『接地』可擺脫體內過多的能量，讓清淨的能量流通過。當我們腳踏實地接地時，會撫平或減緩情緒，並令我們的內在和外在世界有更多的聯繫」。接地，並非僅是精神上的想像而已，每個人都可以實際練習並從中受益，無論個人信仰如何。在接地不足的情形下，我們可能會有以下狀態：

1. 感覺孤獨，即使生活中有親友在旁或身處在人群裡。
2. 內心感覺迷惘，即使知道自己身處何處並可能已有計劃。
3. 容易疲倦或無精打采，即使睡眠足夠，仍感覺缺乏活力。

4. 內心強烈空虛感，不知為什麼存在（可能伴隨購物、電玩或各種上癮行為）。

5. 對許多人事物冷漠或麻痺，不想關心任何事情，不以任何事情為傲。

6. 內心深處似乎渴望某樣東西，但卻不知道是什麼。

7. 容易憤怒，對很多人事物容易不耐煩。

　　上述狀態越多者，不接地的情形越嚴重。我們可以用以下方法，幫助自己：

1. 赤腳踩在草地或泥土上，或躺在地面上，通過身體接觸大地。

2. 接觸流水。不論是溪水、泉水或自來水均可，用水沖刷手或身體就是最簡單的接地，可同時清理我們的乙太體（每個人皮膚以外約 2 ～ 3 公分厚的光體）。

3. 連接植物或動物的能量。例如把手放在樹幹上，或環抱大樹。

4. 放慢腳步，吃一點原型有機食物，或喝一杯有機花草茶。技巧在閉上眼、放慢動作去品嚐。此外，食用適量碳水化合物（例如馬鈴薯、玉米、香蕉）或根莖類（例如甜菜根、白蘿蔔）也有助於接地。

5. 連結水晶礦石。古代歐洲人會在口袋放一塊晶礦，幫助吸收與平衡我們身上的能量。現代人會在手上、脖子或腰部配戴水晶，也是一種接地方式。

6. 試試草藥薰香。北美印地安人慣用乾燥的白色鼠尾草焚燒薰香，也可以用其他天然草本薰香淨化自己。

7. 用海鹽與草本精油泡澡，能進一步幫助放鬆與平衡身心。

8. 練習氣功、瑜伽、太極拳或空手道，尤其是地板動作或馬步動作。不需要每種功夫都學，重點是專精且持之以恆。

9. 聆聽打擊樂器的聲音，例如各種類型的鼓。鼓聲代表地球母親的心跳，與我們的心臟相連結。

10. 進行冥想練習。佩奇・范德貝克（Paige Vanderbeck）在《綠色魔法》一書中提到：接地也可以是一種冥想練習，透過身體接觸或視覺化的想像力，與地球建立聯繫。這個冥想練習創造一條無形的線，可以雙向協助我們；一是把地球能量帶入我們的體內，就像充電的概念一樣。二是將我們體內過多或不需要的電力釋放回地球，就像避雷針的原理，幫助我們中和與平衡體內的能量。你無需擔心向地球發送不好的能量，因為地球母親最擅長的就是中和各種能量，所以，當你感到巨大壓力或憤怒時，接地冥想會是一個很好的協助。

接地冥想

　　找個舒服的姿勢坐著，閉上眼，深呼吸3次。試著從頭到腳，依序放鬆你的身體。一邊放鬆身體，一邊保持深呼吸。

　　當你放鬆到腳底時，會感覺全身進入一種平靜放鬆的狀態。這時，想像沿著脊椎有一個發出金色光芒的光柱，從脊椎底部一直延伸到地心。這個光柱就像一個雙向的能量管道，可以從地心汲取源源不絕的力量，也能移除我們身體多餘的部分。

　　保持深呼吸，從你的心靈之眼知曉並感受這個能量流動。現在，順著每一個吐氣，開始將身體多餘或負面的能量，順著脊椎光柱往下推，經過臀部與腿部，最後進入地心，被大地之母中和並轉化。

　　很好，拉長每一個吐氣，持續把負面能量往地心推送，你會發現全身越來越輕鬆、越來越明亮。

　　好，慢慢的停下來，同時保持深呼吸。接下來，順著每一個吸氣，開始將地心溫暖而充滿祝福的能量，順著光柱往上輸送，進入尾椎、傳送到我們身體的每個器官，滋養每個細胞。

很好，拉長每一個吸氣，持續把美好的能量利用脊椎光柱傳送到全身。

　　你會發現自己越來越平靜，更相信自己，感覺自己充滿力量。你會從心底知曉，無論何時何地，都與地球母親、與地球上所有生命網絡，緊緊相連。你知道自己一直被眷顧著，一直被祝福與守護。（可掃描下方 QR code 的冥想影音練習）

提升溝通力、表達力與
創造力的魔法

——

宇宙之聲

第
10
章

凡具有生命者，都不斷在超越自己。而人類，你們又做了什麼？

All those who have life are constantly surpassing themselves.

And man, what did you do?

《查拉圖斯特拉如是說》／尼采 Nietzsche

　　《創世紀》中，神在創世的第一日，透過言語創造了光亮（Genesis 1:3：And God said, Let there be light: and there was light.），再將光亮與黑暗分離，形成了晝與夜。創世的起始，以神的話語（Sound）作為開端，這樣的寓言背後，其實蘊含更高、甚至超越宗教的哲理。

　　你是否曾經有這樣的經驗：同樣的話由不同人說出口，聽起來卻有截然不同的感受？我在教導國際催眠師證照班時，把同樣的催眠文稿給不同的學生唸，全班聽下來常有不同的迴響。為何一樣的文字，竟帶來不同的力量？

　　前面提到《創世紀》中，神的聲音（Sound）實則表彰宇宙的振動頻率（Vibration, Wave），亦即，創世後一切皆為振動頻率，這與本書第一、二章提到的量子物理學，認為「物質並不存在，萬物皆頻率振動」的概念相通。當我們理解「聲音」本質上是一種頻率、波動，而萬物、包含人類本身也是一種振動頻率，進一步可以明白，為何同一段話由不同人說出口，結果可能大相逕庭。有趣的是，說話時是聲帶與空氣相互作用產生振動而進一步發出聲音，這是人體中獨一無二如此運作的器官，也造就每個人獨一無二的音頻，你知道自己有多麼特別嗎？

可以試著想像，當我們說話時，彷彿自己正在發送一個無形的波給對方，文字內容是外在顯露的部分，文字底下涵蓋的內在訊息（包含說話者的想法、感受、甚至整體氣場與意識狀態）也會一併傳給對方，但後者是人類肉眼看不到的部分。當這些話語抵達對方時，就像海上的兩個浪彼此交會，便可能激發另一個「波（Wave）」的結果。

有時，在適當的時機，我會刻意閉上眼聽人說話，奇妙的是，閉眼時聽覺的感受力，通常比睜開眼時擴展很多，彷彿不僅聽到那些表象，也「傾聽」對方內心真正想傳遞的是什麼，甚至可以感受到他的生命故事，因為，我接收到他整個人的振動頻率，這種交流是很美妙的經驗，彷彿有種無形的流動在人我之間穿梭。

喉輪的運行

　　七大脈輪的教導中，第一至第四脈輪與生活中的經濟需求、情感需求有關，當人類依序學習，進展到第五脈輪「喉輪（Throat chakra）」時，要學習的就是發出「宇宙之聲——說神的話語」。

　　什麼是「神的話語」？《創世紀》中，第一日，神說：「讓這裡亮起來」，這裡便光亮起來。「神的話語」就是指「創造力」，而非過去我們一般理解的說話表述而已，從頻率的角度來看，凡能造成振動頻率改變，均屬廣義的創造力。這樣說似乎比較抽象，我試舉例子說明。

　　你是否曾經著迷一部小說到鎮日無法放下書本，彷若身歷其境地進入作者描繪的世界？

　　你是否曾經隨一部電影熱血澎湃或傷心落淚？甚至走出電影院後，那些電影畫面仍在心中迴盪不已？

　　你是否曾經親臨一個歌手或樂團的演唱會，隨旋律與表演激動萬分，結束後久久不願離開現場？

　　為何狄更斯與金庸的小說歷久不衰，被奉為經典？那些小說故事、電影情節可能都是杜撰的，為何能如此扣人心弦、令人蕩氣迴腸？在生命歷程裡，不也有些電影與小說，影響了我們的人生觀、改變了我們的抉擇？而那些電影或小說中的名言佳句，更常被廣為流傳、成為人生金句。

　　為何舞台上的歌手，也許只是拿把吉他清唱，都能讓人感動落淚？我有些學生是五月天迷，每逢演唱會必透過各種方式瘋狂搶票，甚至有的從北跟到南，絕不錯過每一場演出，我不禁好奇他們為何如此著迷？有個學生告訴我：老師，我覺得聽他們的演唱會就像充電，原本覺得沒希望的人生，聽完又重新感到正面與光明，好像人生又充滿希望了！

　　上述這些電影、小說、影集、演唱會、表演，就是「創造力」改變振動頻率的證明。什麼是「神的話語」？當你因此而感到人

生充滿希望，當你感到愛與感動，當你透過這些創造力打開各種
感受、開啟生命不同的視角，你的振動頻率已然改變，這就是神
的話語。

我在引導個案催眠時，最常遇到的疑問是：「那些我在潛意
識感受到的畫面是真的嗎？我看到的前世是真的嗎？」我常會請
個案思考：「這是一個很值得討論的問題，那你覺得什麼是真的？
什麼是假的呢？」你知道人類眼睛可視的範圍，在光譜中的區域
小的可憐嗎？眼見為憑就一定是真的嗎？看不到、摸不到的就一
定是假的嗎？

當我們看完電影、演唱會，除了票根外，我們真正有得到什
麼看得到、摸得到的東西嗎？但你心中明白，那些隨之而來的感
動、悸動與滿懷希望，甚至想奮力改變命運的動力，是再真實也
不過的感受了，不是嗎？

什麼是「真實」的？你的感受是真實的，信心是真實的，那
些造成你願意改變的動力是真實的。所以，電影與小說、催眠中
的畫面，是真是假並非真正的重點，重點在於我們是否透過這些
過程與自己的心更加靠近？你是否更認識自己？更願意敞開看見
生命的真相？

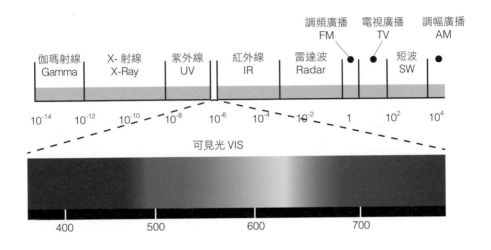

長波 Wavelength（nm）

　　當我們閉上雙眼，打開內在的心靈之眼、真實之眼，世界會
更無限寬廣。當我們生命終止的那一刻，明白此生沒有後悔、好
好的活過，便進入全然真實的世界。

創造力溝通

第五脈輪「喉輪（Throat chakra）」的課題，是要學習如何發出宇宙之聲——說神的話語，但如何建構富有創造力、改變振動頻率的表達（不限言語，也包含寫作、文案、藝術、音樂、肢體、表情、行銷、廣告……），便是在生活中需要持續學習與實作的部分。以下分享「創造力溝通」的四大技巧：

一 ◆ 慢下腳步，傾聽：

溝通與表達最常遇到的首要問題，就是「傾聽」。傾聽這件事說起來簡單，幾乎所有教導如何溝通的書籍必會談論，但紙上談兵容易，一旦生活中遇到重要關頭時，卻常苦於無法把那些知識轉換為自身的養分。你知道問題在哪裡嗎？

「慢下腳步」。

很多人不是不明白傾聽的重要性，而是實作上有困難。我們往往急於告訴對方那些想讓他知道或相信的事，或急於想證明什麼，或害怕對方斷定什麼，而錯失傾聽的機會。

　　所以，「慢下腳步」是很重要的自我提醒，必須在溝通時允許自己慢下來，放慢呼吸、不急著插話，試著完整聽完對方的表達，別急著想證明什麼，你不需要急在幾分鐘內向世界證明自己是誰。慢下腳步傾聽，是建設性溝通的第一步。

二　◆　同位思考：

　　我偏好用「同位思考」這詞彙，更甚於一般說的「換位思考」。所謂同位思考，除了試著理解對方的背景、在這事件中可能的想法，肩併肩、用他的眼光去看待他所感知到的部分之外，還加入同步呼吸的元素。在進行潛意識溝通（催眠）時，一個好的催眠師會自然而然進入一種與個案同步呼吸的狀態。

　　所謂「同步呼吸」，非指形式上與個案的呼吸節奏完全相同，而是催眠師與個案均進入呼吸變慢的 α 波腦波狀態，即處於無形中波長共振的狀態下，就像兩人在另一個世界曼妙起舞，這是一種超越物質世界的溝通與交流，也是一般所說「換位思考」無法達到的狀態。

　　如果想體驗這樣的狀態，請在生活中多觀察自己呼吸的速度（先不要刻意放慢，用平常的狀態檢測）。如果呼氣或吸氣常短

於 5 秒，請多練習本書第三章最後的「747 呼吸法」，將有助於建立創造力溝通的同位思考。別小看我們的一呼一吸，既然呼吸是人類存活的重要象徵，自然也與許多心靈的奧秘息息相關。

三 ◆ 真實的話語：

電影《神力女超人 1984》開場時，小黛安娜的訓練導師對她說：「真正的英雄，不會誕生自謊言（No true hero is born from lies.）」，這一幕讓我深思許久。研究國內外身心靈領域這麼多年來，在在證明「真實」是一種至高力量的來源。

舉一個最簡單的例子，也許不少人曾聽過或學習過「肌力測試法（其中最著名的為 "O 環測試 "，O-ring test）」，簡單的說，O 環測試是由受測試者以姆指和食指尖施力構成一個 O 環，另一人用手指伸入 O 環拉扯以得知肌力強弱。

O 環越有力，則代表對受測試者越有助益。歐美與日本部分醫療團隊，甚至已將肌力測試作為醫療輔助，利用人體的肌力狀態，篩選出對患者最佳的醫療處置或用藥。過去在教學時，我會讓學生玩一個遊戲，由同一位學生手呈 O 環，分別說「我是○○○（本名）」與「我是○○○（其他同學名字）」，檢測下

來都是說自己本名時，手部肌力最有力量，但是說自己是其他名字時，O 環均呈現虛弱無力的現象。為什麼會這樣？

身體與思想比較起來，身體通常誠實無欺，會如實呈現真實的狀態。就像我們緊張時，心跳、血壓與腦波可能已經改變，但其他人卻難以從外表察覺，這也是測謊技術的原理。

當我們說自己是其他人的名字時，謊言無法帶來力量，所以肌肉反應出無力的結果；唯獨說出真實話語，才能帶來真正的力量，激發出真正的創造力。

四 ◆ 簡單，不繁複：

榮獲諾貝爾物理學獎的費曼博士（Richard Phillips Feynman，1918-1988）曾說：「真理永遠比你想像中的簡單」。有時，太過繁複的表達，反而帶來負面的影響。

記得有次家族排列大師海寧格在課堂上，當眾制止一位學生的發問，因為這學生的問題複雜而冗長，海寧格制止的原因並非沒有耐心再聽下去，他對這位學生說：「如果你沒辦法精簡表達自己的問題，就代表你還不知道自己真正想提出什麼問題」，這段話令我印象深刻。

愛因斯坦也說：「如果你無法把道理說得簡單，代表你理解得不夠透徹」，一個自己都無法透徹理解的內容，如何造就有創造力的溝通？所以，試著檢視自己的表達是否太過複雜或冗長，想清楚要表達的內容，然後清爽的呈現出來。

讓自己成為豐盛道途的
最佳神隊友

第
11
章

構築自我
覺察力

生活是一面鏡子，我們努力追求的第一件事，
就是從其中辨認出自己。

Life is a mirror, and the first thing we strive to

pursue is to recognize ourselves from it.

尼采 Nietzsche

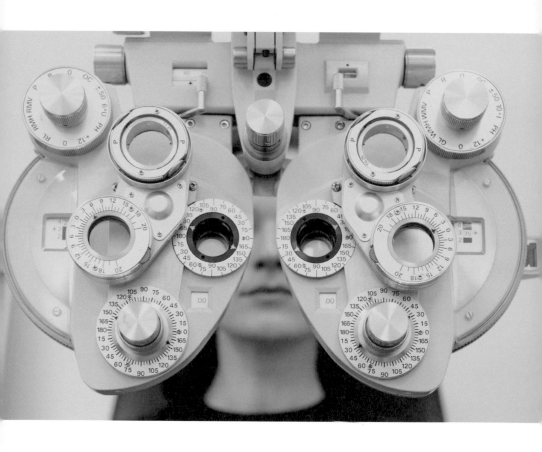

　　如果，現在開始，生活中沒有任何鏡子，可能會發生什麼事？又如果，雖然有鏡子，但鏡面太小、或已髒污到模糊不清，可能會發生什麼事？

　　「自我覺察力」就像鏡子，能幫助我們看見自己，但每個人的覺察力可能差異很大，有人是亮麗如新的全身廣角鏡，有人是骯髒模糊的半身鏡，有人則是比巴掌還小的鏡子，有人是凸面鏡，有人是凹面鏡，有人則是哈哈鏡……，你覺得自己的自我覺察力可能是哪種呢？

　　過去引導眾多學生與個案的經驗裡，大部分人普遍存在自我覺察力不足的情形，我認為，這也是多數人無法改變生命、獲得豐盛的重要原因之一。即使許多人大量閱讀心理書籍、砸錢上完許多身心靈課程，依舊無法在現實生活中獲得根本的轉化，首要原因是欠缺自我覺察。

　　TED 知名演講者塔莎・歐里希（Tasha Eurich）費時 3 年，調查世界各地上千人，並綜合她在世界財富 500 大企業的研究結果，發現高達 95% 的人認為自己擁有自我覺察力，但實際上竟只有不到 15% 具有這樣的能力。為何我們離自己的真相如此遙遠？這些自我認知偏離究竟從何而生？

自我認知偏離的原因

一 ◆ 自我疏離

　　求學階段，對於那些不常見面和交談的同學感到陌生與不瞭解，是再正常不過的事了。同學如此，同事與親友自然也如此。一個不常關心與互動的人，我們如何瞭解、深入認識他？這道理大家都懂，卻幾乎未曾用在自己身上（這正是一種自我覺察盲點的最佳範例）。

　　如果真心想認識自己，必須把自己視為一個想親近的朋友或對象。試著想想，當有個非常心儀的對象時，會怎麼做？也許你會想多靠近他、關心他，多花時間跟他聊天，多瞭解他的喜好、想法與感受，多製造機會與他相處互動，不是嗎？但是，我們有

這樣對待自己嗎？

我們有常常在乎自己真正的感覺與想法嗎？會時常關心自己嗎？會多花時間與自己聊聊、相處互動嗎？很遺憾，大部分人的答案多半是否定的。

我們閒暇時在做什麼？可能忙著追劇、滑手機、玩電玩、看小說、矇頭睡覺……，試想當你與心愛的對象約會，他總是忙著追劇、滑手機、玩電玩、看小說、矇頭睡覺，你的感受是什麼？你覺得他真的瞭解你、願意真心靠近你嗎？

我們必須承認，自我覺察力低落與自我疏離是自己造成的，我們必須負起全然的責任，必須願意真心改變，開始在生活中學習如何陪伴自己的正確方法。

二 ✦ 力量交託他人

在幾次前往美國研究的過程中，我反覆思考為何美國與台灣的年輕人給我完全不同的感受。這並非外國月亮較圓，而是希望找出背後的根本原因，幫助學生與個案調整。我感受到的是，美國人普遍容易表現基本的自信心，即使在餐廳打工的年輕人，面

對每個陌生人都能自信的對談與交流，這在台灣是很少見的。

我與一位從小在美國長大的朋友討論到這個觀察，一致認為可能與兩地的家庭、學校教育方式有關。美國家庭習慣賦予獨立的人格教育，但台灣似乎相反。

在「聽話的孩子才是好孩子」、「囝仔人，有耳無嘴」、「大人說話，小孩子不要插嘴」等觀念的灌輸下，台灣的孩子們從小就被教育要聽話、不能有自己的意見與想法，漸漸的，我們失去自我表達的能力，彷彿必須沒有自己才是乖巧、合群的"好"孩子。

我們把自己的力量交託出去，依附他人對自己的評斷來評價自我，因此關於「我」的力量不斷萎縮，當失去「我」這個客體時，我們如何進一步自我覺察呢？

三 ◆ 創傷後遺症

當我們受傷時，身體為了保護自己，皮膚便以結痂的方式形成防護屏障，以爭取時間讓組織修復。身體如此，心靈也是如此。當遇到傷害我們的人事物，內在自然的防衛機制便是築起高牆，

但若我們遲遲未療癒、修復內在，久而久之，高牆硬化成了心牆，成為阻擋內外流動的屏障，除了失去接受愛、給予愛的能力外，更阻隔我們看見真正的自己。

　　被父親或母親遺棄、被同儕霸凌或排擠、被另一半背叛……，創傷越大，築起的心牆便更高、更厚實。我們必須瞭解，生命中的一切安排都有背後的意義與教導，只有透過勇氣與愛，才能消融這些城牆。我們必須進入回憶之河面對過去，將當時真正的感受與情緒宣洩、釋放後，洗滌自己的心靈，還原至原本清淨無暇的狀態。

提升自我覺察力的黃金三角

　　陪伴許多學生與個案成長的過程中，我發現自我覺察是最困難的部分，許多人閱讀很多文章或書籍後，改變仍然有限，自己也感覺不出來究竟是真的有進步？還是依舊自我感覺良好、以為有進步？

　　問題就在，如果你的鏡子早已模糊不清，再怎樣用力想看清楚還是徒然，你必須暫時先停下「看」的步驟，拿工具把鏡子先擦拭乾淨，自然而然就清楚明白、不用費力的「看」了。多年累積下來，我精簡出三個生活中可輕易實踐、效果卻很強大的技巧，幫助自己擦拭內心的明鏡。

一　◆　以提問代替反省

　　塔莎・歐里希（Tasha Eurich）在《深度洞察力》一書中指出：「自省並不能使你有洞察力，經驗可能是自我認識的敵人；而他人總避免誠實說出對你真正的看法。」這是一個突破性的重要觀點。在過去輔導他人的經驗裡，確實發現許多錯誤的自省模式，反而成為自我認知偏離的主因，當我們一昧檢討自己、區辨對錯，真相往往就流失在結果裡。我觀察到許多人急於給自己一個答案，並非真心追求真理，像在大海中抓到一塊浮木、用某個答案填補內心的不安全感，但那些答案並非真相，只是掩飾匱乏的安慰劑。

《波西米亞醜聞（The Scandal of Bohemia）》中，福爾摩斯告誡華生：「你確實看了，但沒有觀察。二者差別很大」，"觀察"必須先清空內心既定的結論，多蒐集資訊、多思考與研究，才可能釐清背後的真相。所以，別急著給自己一個省察結果，正確的作法是「以內在提問取代反省」，也就是時常對自己提問，然後，"誠實地"給自己回覆：

這件事「我的感受是什麼？」
「我為什麼會這樣想／說／做？」
「我還有其他幾種選擇？」
「下次我可以怎樣做更好？」

二 ◆ 突破二元對立

自小，我們被教導什麼是對的、什麼是錯的？什麼是好學生、什麼是壞學生？什麼是好人、什麼是壞人？什麼是成功、什麼是失敗？彷彿世界一分為二，大地僅剩黑與白兩種色彩。這樣的思考模式，也許正默默地深入影響著你。有趣的是，當我演講提到「做自己、愛自己」的概念，總有人提問這樣不就是自私自利嗎？但真的是如此嗎？還是只是被二元對立框住、腦袋打結了呢？這世界之所以美麗，正因有各種色彩、各種族類、各種樣貌，

不可能因為喜愛光明而拒絕黑夜降臨，如果只做對與錯的取捨，就不可能擁有整個世界。

　　多元視角的重要性，能為我們的思考開一扇窗，如果可以暫停評斷是非對錯，脫離無意識的文化枷鎖，就是正在前往擴大思考與觀察的路上，才能想的更廣、更深，避免落入二元對立，從此綑綁住自己的生命。讓自己從二元對立中解放，就是獲得自我覺察的內在廣角鏡。

三　◆　從「我」開始觀察

　　「自我覺察力」也如同肌力訓練般，必須從淺入深、長期持之以恆的訓練，便能強大壯碩。既然自我覺察是為了觀察自己，首先，得必須了解「我」的組成。以大家最熟悉的簡單概念來說，「我」分成身、心、靈三個領域。

　　身，我們被打通常會立即覺得疼，所以身體是最容易感知與最親近的部分；心，例如遭遇愛人背叛，有人可能延遲一會兒才感到傷心，所以心比身似乎又遙遠了一些；至於靈魂，就先暫時甭說了，一般人普遍離得太遠。所以，「身體的覺察」是每個人都容易上手的，「心的覺察」也可透過反覆練習而進步，階段練

習的概念很重要，如果還不會走路卻急著跑步，難免摔個四腳朝天，所以在身體與心均未能妥善覺察前，不建議練習開放通靈。

（1）身體覺察：

有次我坐在搖晃的公車上，對面的女孩左手拿手機，低著頭猛看影片，右手指無意識地反覆纏繞同一捲頭髮，公車行駛約莫 20 分鐘後，她所有的注意力依舊投注在螢幕，對右手繞髮動作的整個過程，覺察度幾乎都是 0，這是一個無意識，沒有自我覺察的狀態。

過去在帶領僻靜時，我必須反覆做的工作是：反覆檢查、確認每個學員、每個動作的覺知狀態。從走路、轉頭的動作，到吃飯、喝水、洗碗、寫字、走到寢室爬上床睡覺……，每個動作都必須維持在深度覺察與感知中，這才是真正的覺知。可惜現在許多人將「覺知」一詞濫用，對「覺知」產生許多誤解。覺知並非知道自己在做什麼而已，而是「在每個生命當下感知」自己正在經驗的部分，兩者完全不同。

舉個最簡單的例子。每天我們走出家門到捷運站的路上，可能拿著早餐邊走邊吃、也可能邊講電話或滑手機（危險動作請避免）、可能想著今天要開會的事、也可能腦筋一片空白正在發呆，

但你知道自己正在走路嗎？你可能會說：廢話，我當然知道啊！可是，「知道自己在走路」並不是覺知，當你 " 感知 " 自己雙腳如何運作、施力、踩上地面與提起來的觸感……，這才是覺知，感知與當下是同步的。當注意力投注在早餐、在手機、在思考漩渦裡，對自己的覺察力已然流失，更甭說發呆的狀態了，發呆是全然的毫無覺知。

身體，是從物質世界通往真實世界的橋樑，是靈魂這個無盡意識的載體，如想知道生命的真相、認識真正的自己，必須從「身體」開始完整連結，覺察訓練就是一種連結的方式。

只可惜，我們通常離自己的身體也有些距離，乃至無法未病先覺、預先感知身體狀況。但透過不斷的重複訓練，身體覺察練習就可以提供一個再連結的機會，同時也為自我覺察力奠定深厚基石。並透過拆解技巧，讓練習的力量強化，但生活中各種身體動作不少，因此不建議一開始就整個身體同時覺察，建議縮小範圍讓事半功倍，請從手腳開始好好持續練習，只要夠專注，從一粒沙便能通往整個世界。

（2）心的覺察：

心的覺察，第一步必須從「情緒感受」覺察開始，而情緒覺

察最重要的關鍵，是能否「平等看待」各種情緒感受。

我是否能無差別的接納自己的喜悅與悲傷？

我是否能展開雙臂擁抱自己的快樂與憤怒？

我是否在意自己必須是正向、充滿陽光的人？當我憂鬱低落時，是否願意讓我身邊的人看見？

如果不區分好情緒或壞情緒、應該有或不應該有的情緒、他人覺得好或他人覺得不好的情緒，才能真心完整接納自己的各種情緒，如此之下的「我」才是完整無缺的我。我們不需要故作堅強、只顯露正向積極的一面，當我們接納自己的負面情緒，才能消融與轉化這些低潮時刻，抗拒情緒只會讓自我築起高牆，唯有擁抱才能融化負面情緒，別害怕揭露自己的脆弱。

布芮尼・布朗博士（Brené Brown Ph. D.）在其全球暢銷著作《脆弱的力量》中曾說：「我們必須放自己一馬，欣賞自己的缺點與瑕疵，對自己更寬容、更溫柔，也用對愛的人的語氣和自己對話。」真正的勇者，能在生命中歡欣高歌，也能放聲哭泣。勇敢，從不來自於他人的授證，而源於自我的支持與接納。如同蘇珊・蓋爾（Susan Gale）說的：「有時要等到與自己最大的弱點面對面時，你才會了解自己的力量所在」。

身體覺察訓練

【階段一】腳底覺知

　　萬丈高樓平地起，自我覺察能力佳的人，必定對於腳部的覺察力足夠。反過來說，一個腳部覺知強大的人，也能踏實生活、為自己的目標努力，願意耐心等待成功。初學少林武功，必須先練蹲馬步 3 個月才能開啟後面的學習，道理都是共通的。身體覺察練習第一階段，至少練習 30 日的走路腳底覺知。

　　練習時必須刻意放慢腳步、越慢越好，專注地、仔細地感覺每一步腳底的感覺，前面 10 日可先把注意力都放在腳底與腳踝即可（先不包含腿），縮小範圍能提高練習效率。後面 20 日可練習擴大感知到整個腳底、腳踝、小腿與膝蓋的部分，但如果擴大範圍後感覺到困難，可再縮小範圍回到腳底、腳踝，不急迫、精緻的練習是首要秘訣。

　　這階段的練習，可以有時穿鞋、有時不穿鞋，有時在室內、有時在戶外，可進一步感知到這些條件不同下的差異。練習時儘可能是不被他人打擾的時候，也避免戴耳機聽音樂，因為專注才能獲得最佳效果。

　　建議每天練習至少 30 分鐘，練越久效果越快出現，畢竟一分耕耘一分收獲，練習的時間永不嫌少。我有學生每天利用上下班途中的時間練習，很快就感覺到自己的不一樣，你也可以試試喔！

【階段二 】手腳覺知

　　當腳部覺知練習 30 日後，代表基礎已經具備，就能進一步挑戰更大的範圍。第二階段是練習生活中把覺知放在手或腳，一次一個部位就好，建議在走路時練習腳部覺知，沒有走路時就練習手部覺知。

　　手部覺知練習，例如坐下喝水時，從拿起杯子、倒水、將杯子靠向嘴巴、喝水、喝完放下杯子，這過程中每一個部分要將完整的注意力放在手的感知，所以，請務必放慢每一個動作，當動作　快、急著進行下個動作時，往往就是掉入無覺知狀態的瞬間，重點是自己還不一定能發現呢！

　　這階段建議練習 2 周。當這階段的第二周開始時，可嘗試偶爾結合與他人互動時練習，比如上班跟同事聊天時、與家人相處時都可以練習手部覺知，當然，練過的朋友就知道，與他人互動時練覺知，這對初學者可是高難度的挑戰呀，如果覺得

很容易，應該是有什麼狀況喔！

【階段三 】多部位交叉覺知

　　認真練習手腳覺知 2 周後，便可再將範圍擴大至全身各部位。例如洗澡時仔細感知水沖刷於皮膚上的感受；刷牙時閉眼感知牙刷摩擦於牙齒、牙齦上的感覺；喝水時感知飲水在口腔與其後流入喉嚨的感覺……，多方嘗試各個身體部位的感知練習，每練習一個部位，便是將你與身體這部分的連結再次拓深。

　　第三階段建議持續在生活中練習，當我們專注練習身體覺知時，便是一種動態的靜心冥想。靜心不一定是長時間端坐某處，當我們專注在自己的當下，就是一種靜心冥想，所以，只要夠專注，身體覺知練習其實就是種深度的動態靜心，也同時是認識自己、更靠近真我的重要路徑。

耐心不足只是表象，
看清背後的原因才是關鍵

第 12 章

耐心與堅持
的奧秘

世界上只有一樣東西可阻止你完成夢想，那就是：害怕失敗。

There is only one thing that makes a dream impossible to achieve:

thc fear of failure.

保羅・柯艾略 Paulo Coelho

走向豐盛，同時是一個圓夢與探索自己的旅程，不少人善於訂定完美目標，但走到勝利終站者卻是少數，為什麼？

你以為的目標，
未必是真正的目標

記得高中時讀過尼采的一段話，令我印象深刻。他說：「一個人知道自己為什麼而活，就能忍受任何一種生活。」

這段話影響我至為深遠，也建立長久以來自我對話的基礎，數十年來我不斷問自己：「我要什麼？我為什麼活著？我為什麼要做這個？我真心想這樣做嗎？抑或只是想讓他人肯定我？如果是我真心渴望，即使困難重重也願意堅持到最後嗎？……」，這些自我問答就像對焦機制一樣，協助我從模糊的視角中解放，逐漸清晰看到自己真正的需要。

　　從輔導眾多學生與個案的經驗裡，發現超過 90% 的人對於自己真正要的目標並不清晰，許多是來自於父母的期許、社會價值的依附，這並非指父母期許與社會價值誤謬，而是必須先了解自己的想法，如果自己的渴望與父母期許、社會價值一致，這絕對是沒有問題的。

　　反之，倘若未釐清自己的願望，直接以他人的期待自我欺騙、強裝成自己的理想，如第十章曾討論過「力量來自於真實」，這個偽裝的渴望無法凝聚力量，踐履之路將備受阻礙與無力感。如果你在實現夢想的路上常帶有無力感，請務必停下腳步，真心檢視目標是否符合自己真實的渴望，具體操作方式請見本書第五、六章內容。

關於「耐心」

　　耐心，是走向豐盛的一個必要配備，它能幫助我們一步步建立穩固基石，方能堆疊高樓；它也能幫助我們在人際關係中，更圓融、穩重，成為一個有群眾魅力、被信賴的人。很多人問我，「耐心」如何培養？但與其急著想快速培養耐心，不如先 " 耐心地 " 暫停下來，思考「為何我們會沒有耐心」？

　　耐心不足，也許只是表象，看清背後的原因才是關鍵：

1. 憤怒的情緒未被釋放

　　很多人不知道這個秘密：蓄積的憤怒未被釋放，將影響耐心的建立。在我眾多的催眠個案中，不乏因成長過程積壓了許多憤怒，導致缺乏耐心而影響事業與婚姻關係。有的是從小父母親

偏愛其他兄弟姊妹、有的是重男輕女的壓迫、有的是在學校被排擠或被霸凌……，這些各種原因造成的憤怒（憤怒可能是表層情緒，還會有其他情緒隱藏在後），如未以正確方法宣洩、釋放，將造成缺乏耐心的結果。

釋放憤怒的方法是「以不傷害他人的方式、自我宣洩」，你可以到 KTV 包廂怒吼、洗澡時在浴室大罵、獨自開車時把自己的感受說出來（不影響交通安全的前提下）、寫一封不會寄出的信給自己或對方……，有些嚴重的情形也許需要經過多次宣洩才能清理完成，但每一次就好像丟掉一個包袱般，宣洩後會感覺輕鬆或如釋重負。當清理完成，你會發現，再次見到那個令你憤怒的人時，有完全不同的感受，這是正確釋放後自然發生的結果。我們不需要刻意勉強自己消氣、原諒他人，但以不傷害他人的方式釋放真正的感覺時，代表勇敢接納自己的真實感受，也代表願意支持自己給自己力量，這是放下心中包袱最關鍵的方法。

2. 害怕失敗

保羅・柯艾略曾說：「世界上只有一樣東西可阻止你完成夢想，那就是：害怕失敗」。人類的意識很有趣，當潛意識恐懼失敗時，會用各種機制浮現於表意識上、阻礙自己成功，缺乏耐心便是其中之一。

　　我們必須靜下來連結自己，鼓勵自己揭露內在的真相。如同教導一個孩子不能哭泣，並不會真的使他變勇敢，唯有給予支持，才能帶給他堅韌的力量。有時，與自己的關係，就像親子關係的教導一樣。無論現在實際年齡多大，我們內在都有個孩子，當他脆弱、害怕時，不是告訴他「不用害怕」、「有什麼好怕的」就能解決，而是彎下腰、站在與他相同的角度，傾聽與理解他的害怕、擔憂，然後再鼓勵、引導他，伸出手拉他一把。

　　接納並穿越內在的恐懼，是心靈強大者必經之路。正如知名作家法蘭克・赫伯特（Frank Herbert）在《沙丘魔堡》中寫道：

恐懼會扼殺思維能力，
是潛伏的死神，徹底毀滅一個人。
我要容忍它，
讓它掠過我的心頭，穿越我的身心。
當這一切過去之後，
我將睜開心靈深處的眼睛，
審視它的軌跡。
恐懼如風，風過無痕，
唯有我，依然屹立。

在愛裡堅持，
引領你抵達終點

　　大學時代，我特別喜愛紀伯倫，他寫的《先知》這本書反覆讀了十多次，但當時對這段文字一直難以理解：「從工作裡愛了生命，就是通徹了生命最深的秘密」。也許當年的我太年輕，每當觀察路上穿著光鮮的上班族，他們也許披掛著自信的外衣，但我看不到衣著下對生命的愛。我困惑著，為何紀伯倫會寫下這樣的文字？

　　幾十年後，當我回顧自己的過去，彷彿開始有些明白這段話的涵義。我的父親是一位法官，自從我念了法律系後，母親常告誡我畢業後要捨棄律師、成為司法官。但在小時候的印象中，半夜透過蚊帳看著父親挑燈夜戰的背影、舉家跟著父親調動搬遷，加上公務員的諸多限制，內心有個不受羈束靈魂的我，深知自己

絕不會做這樣的選擇。

　　經歷多次家庭抗爭後，我終究守住自己的抉擇。而成為一位律師後，卻愛上教導民事訴訟法，說也奇怪，私下極內向、不愛被眾人注目的我，居然能克服這些天性，站上數百位聽眾的講台、滔滔不絕的說著，這都是始料未及的。我想，如果不是因為「愛」，那還有什麼可能？

　　有些人是天生的演說家、表演者，可惜我並非如此，但我喜愛上課時看到學生豁然理解的表情，喜愛他們來提問時的互動，以及各種教學時帶來的內心觸動，這些是支持我克服自己弱點、努力通過各種阻礙的動力。

　　但是教學十年後，因為一場不丹山上突發的冰雹雨，讓我回國後重感冒許久，離奇的是，平常開會幾十分鐘依舊可以說話的我，自此只要站上講台上約莫不到十分鐘，便沙啞到失聲而無法繼續教學，我猛然意識到自己可能再也無法上台教書……。

　　如果生命硬是要你捨棄所愛，你會怎麼做？

　　也許在他人眼中，補教名師的高額薪資與極短工時，這可能是我喜愛這份工作的主因。但對我而言，那些只是選擇這項工作的優勢條件，而非「熱愛」的因素。優勢條件與熱愛是兩碼子事，熱愛是來自內心的觸動，你願意為這件事努力付出，有所犧牲也在所不惜。

　　我清楚明白，放棄教法律，就是放棄對工作的熱愛，是當時心中的劇痛，但在那個當下也頓時理解：如果生命要你轉彎，必須試著往前走，才能看到前面的祝福是什麼。如果只停在原地埋怨或哭泣，永遠得不到那個隱藏在痛苦背後的禮物。

　　當時，我得到一個指引，必須傳導有關心靈的知識與力量。坦白說，即使從小具備特殊體質，確實感應過許多神佛、天使或奇妙的能量，但真要走上身心靈一途，還是有巨大的內在衝突，更遑論其他人的感受了。

　　母親當然是堅持反對我放著高薪工作不做，並且深信我會因改行餓死（笑）；此外還聽到學生告訴我：某某老師說妳肯定頭殼壞了才會改行做這個⋯⋯。後者很接近我所謂的內在衝突，我在心中問過自己無數次：「一個講究邏輯實證的律師，為何要改做一個大家可能覺得迷信的工作？」，接著我問自己：「為何我

會感覺這是迷信？只因為大家不明白、只覺得看不到、不懂的就是迷信？」如果是這樣，那與古代因為恐懼而獵殺女巫的人有何不同？

最後，我告訴我的指引：「證明給我看，讓我看見並相信這些不為普羅大眾知曉的智慧。如果是真理，我願意守護」。這些年來，我不僅學習國內外各種心靈知識，也蒙受指引與祝福，在傳導心靈知識的過程中發現，我從未離開熱愛的教學，只是換了手中的書本而已，並且在工作中未曾背棄我的心，自由徜徉在追逐真理的過程中，這就是一種豐盛與富有。

別害怕為你的渴望抉擇或改變，就像尼采說的：「對待生命不妨大膽冒險一點，因為，終究你會失去它」。

別讓過去的包袱

佔據你創造豐盛的 CPU

第 13 章

告別過去的

儀式

在寒冬盡頭，終於明白在我心底，有一個不屈不撓的夏天。

In the depth of winter,

I finally learned that within me there lay an invincible summer.

卡謬 Albert Camus

　　前面幾章我們討論過，潛意識在意識中的影響力超越 90%
以上，但多數人卻難以窺探潛意識面貌，進而無法達成完整的自
我探索、改變自己的生命。如果要徹底擺脫過去、迎向嶄新未來，
並非勉強自己遺忘過去即可達成（畢竟表意識的遺忘僅佔總意識
10%，而且常是壓抑至無法察覺的潛意識），所謂知己知彼、百
戰百勝，首要第一步，必須充分理解潛意識的特性。

潛意識超越時間，
非單一線性結構

　　在表意識的世界，我們的身體處於三維時空裡，時間呈現單
一線性結構，也就是從我們出生當天，沿著時間軸不斷前行，到
長大成人、經歷人生各種階段，最終於死亡時，結束今生的時間
軸。這個單一線性時間軸，具不可逆的特性，過去就是過去了，
無法回到過去改變既定的事實與決定，無法重新再考一次升學考
試、無法回到感情破裂的肇因再重新來過，只能被三維時間逼迫
前行，終至老去。

　　但潛意識卻不完全受三維時空限制。潛意識在無量之網
（Matrix）中，呈現的是類似量子世界裡「波粒二元性」的概念。
所謂波粒二元性，是指同時具備傳統物理學粒子（particle）與波
（wave）的特性，白話一點就是：既有物質單點顆粒特性、又有

類似光波的特性。要真正深入了解潛意識特性，必須對量子物理學有初步認知。

　　費曼曾有句名言：「量子力學的奧秘，全部藏在雙縫實驗裡」。雙縫實驗（double-slit experiment），是將電子槍（或光子槍）朝向帶有兩條狹縫的擋板，一次只發射一個電子（或光子），射向螢幕（圖①）。原本物理學家預期，因電子具有物質粒子特性（好比發射乒乓球一樣），屏幕上應該是出現的雙縫條紋（圖②）。

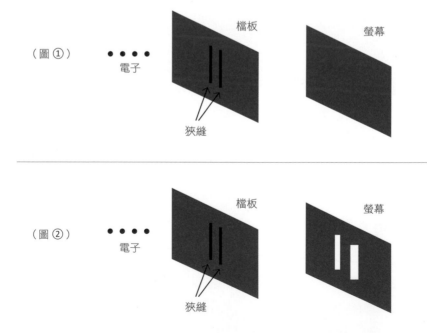

　　但是發射數萬個電子（或光子）後，屏幕上竟然呈現與光波一樣明暗相間、如斑馬紋的干涉條紋（interference pattern，下圖左），倘若如牛頓所說，光是由粒子組成，那麼穿過狹縫的粒子，落在屏幕上的位置應該以兩道狹縫最多，不可能忽多忽少而形成明暗相間的條紋。只有像波而非粒子時，才能產生這種圖樣。通過雙狹縫的光波，波峰與波谷會互相干涉、彼此疊加或抵消，光波因而變亮或減弱（下圖右）。顯然在雙縫實驗中，電子（或光子）這公認的有形粒子，竟以無形的能量波形式通過雙縫，代表電子另外具有不可見、無實體粒子的特性。

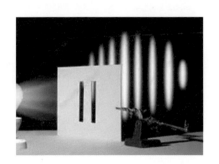
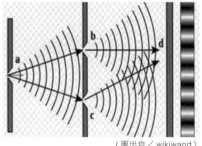

（圖出自／wikiwand）

　　如果你以為這樣就結束，那就錯了，量子力物理學巨擘波耳（Niels Henrik David Bohr，1885-1962）曾說：「如果你沒對量子力學深感震驚，表示你還沒瞭解它」。為了更深入研究，科學家在雙縫擋板旁，安裝一個高速攝像探測儀，用以捕捉每個光子的移動與變化，這時意想不到的事情發生了，電子（或光子）

通過縫隙後的波動性消失，竟變成有形粒子才有的雙縫條紋（圖④），再也看不到無探測儀時的干涉條紋（圖③）。當科學家再次把攝像探測儀移走，屏幕又回復原本的斑馬狀干涉條紋。莫非光子或電子們知道是否有攝影機監看？

（圖③）　　　　　　　　　　　（圖④）

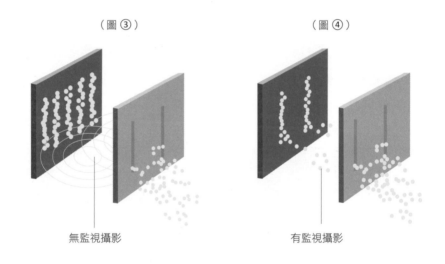

無監視攝影　　　　　　　　　　有監視攝影

這個實驗結果莫不令物理學家錯愕萬分。生前反對量子物理學的愛因斯坦曾說：「難道我沒看月亮的時候，月亮就不在那兒嗎？」，可惜他嘗試反駁量子力學而提出的非主流主張，至今仍無法推翻量子物理學的眾多實驗結果。現今人手一支手機裡的電子晶片技術，即源於量子物理學理論，即便科學家對量子世界仍有諸多困惑，但我們的日常生活已離不開它了。

　　這個實驗說明：當我們不觀察時，它是無形波的能量，但當我們觀察時，又會變成可視見的有形物質粒子。也就是說，物質原本是不存在的，惟有觀察者存在時，物質才會呈現出來，似乎與佛家所說「萬法唯心造」有異曲同工之妙。

　　量子力學的「波粒二元性」與潛意識的結構相同。在生命歷程中的某個重大事件，除了當下造成可視見的傷害外，同時以無形的波動深刻影響我們。例如，有位催眠個案曾發現初戀 A 女帶給他的重大創傷，甚至影響後續的感情與婚姻，亦即，當年失戀的痛苦像物質粒子般可視見（個案當時知道自己感到受傷），但初戀創傷震波持續影響後續每一段感情，包含第二、三位女友 B、C，甚至與目前的妻子 D 女的婚姻也產生諸多問題（個案無法看見的波在影響他與其他人的感情關係）。

　　本書第六章談到的個案毅廷也是如此：酗酒、家暴又拋家棄子的父親造成的傷害，同時引發看不見的波，持續影響毅廷長大後的事業、財富與考運。如果要徹底改變這個波的影響，必須成為生命真正的「觀察者」，徹底而完整的看見並感受當年父親造成的傷害，並加以釋放才能解除，這也是為何透過催眠重回事發過程如此重要，進而阻斷幸福的干擾波，重建潛意識、改變我們的未來。

告別過去的儀式

　　萬物皆頻率、能量，我們對於「愛」的理解，與創造「豐盛」具有密不可分的關係。一個充滿愛的狀態，會引動、創造出內心想要的豐盛。但這並非勉強或佯裝充滿愛就行得通，我們的勉強、佯裝充其量僅有表意識 10% 的力道，潛意識中對於愛的理解與能力，會是顯化豐盛的關鍵。

　　在充滿光的地方無法深刻感受光的真義，但在全黑暗房中燃起的蠟燭，卻能強烈展現光的翻轉力量。生命的微妙在於，如果一開始就誕生在充滿愛的家庭，從小到大都有滿滿的親友、師長、同儕支持，直到老死沒有體驗過任何悲傷、背叛與別離，就無法對愛的理解有更深的層次性。反倒是，從失去學會珍惜、從他人的背叛學會原諒自己、從不被愛中學會真正的支持自己，讓

我們的生命穿越黑暗獲得真正的光亮。

　　假使過去那些磨練心智的苦楚和每個傷害都令我們心中築起一道牆，心牆會有多厚？如果我們從過去的痛苦中只能學會背離愛、無法再相信愛，這會是今生來這裡的目的嗎？波斯詩人魯米曾說：「你今生的任務不是去尋找愛，而是去尋找並發現：那些你內心高築抵擋愛的障礙」。拆除牆面的一磚一瓦，就是一種穿越，就是允許光亮進入我們的內心。

　　沒有人不會經歷痛苦別離，倘若刻意遺忘，只會讓負面感受遁逃至潛意識而更難以處理，唯有勇敢面對與接納，才是正途。這並非指必須原諒或接納他人，這世界是為自己演出，必須學會支持、陪伴自己，從過程中蛻變為更完整的「我」。這裡分享一個「告別過去的儀式」，幫助自我療癒與成長。

告別過去的儀式

【時間】找一個段完整的、不被打擾的時間，大約 40 分鐘。

【地點】不被他人打擾的寧靜空間，能讓你覺得有安全感又可
以放鬆的地方更好。

【工具】不要太厚的紙張數張、好書寫的筆（藍色或黑色均
可）、衛生紙 1 包、打火機或點燃的蠟燭、烤肉夾或
免洗筷、鐵餅乾盒或陶瓷盤。

────── 儀式流程 ──────

1. **準備工作**：手機切換至靜音勿擾，可以播放一首能撫慰內心
   或感到放鬆的音樂。把紙筆放在前面，如果有蠟燭可以現在
   先點燃（請注意安全）。

2. **搜尋主題**：找一個放鬆的姿勢，把心靜下來，閉上眼睛、緩
   慢的深呼吸 3 次後，保持深呼吸，靜心回顧自己的過去。你
   可以選擇從幼時開始回顧，也可以從忽然想到的往事回顧，
   時序不是重要的部分，找到一個你過去「感受最深的事件或
   人」最為重要，針對特定人的效果會比針對事件更深入。

3. **深入回憶**：仔細回顧這個事件的過程；如果告別的對象是某
   人或事件涉及某人，請嘗試仔細回顧他的表情、話語、動作、

眼神、與你的互動⋯⋯。這是儀式中很重要的階段，回顧的
資訊越多，越能深入清理與告別。

4. **書寫告別信**：如果告別的主題是某人，這封信要以寫給某人
的方式呈現。在書寫的過程中請注意，因為之後這封信會被
燒毀，所以請務必完整表達「自己真正的感受」。在這階段
請暫時拋開倫理規範（也就是要罵髒話都沒問題），完整表
達自己的感受，寫在紙上的部分，才能藉由後續燒毀而轉化。

5. **燒毀信紙**：這階段建議在陽台、廚房流理槽或其他安全處進
行。將鐵盒或陶瓷盤置於下方，將寫好的信件用筷子或烤肉
夾夾住一角，再以打火機或燭火引燃焚燒，同時說 3 次：「我
將這段過去送給火元素，感謝祢以無盡的愛轉化它」，燃燒
後放置於鐵盒或陶瓷盤上，等待燒成灰燼，如燃燒不完整，
再點燃即可，不用太過緊張。

6. **沖洗灰燼**：以流水（自來水即可）將灰燼全部沖入排水管（不
能用馬桶），沖水時同時說 3 次：「我將這段過去送給水元素，
感謝祢以無盡的愛滋養我」。

―――――――――― 儀式完成 ――――――――――

| **補充事項** | 若是創傷較深的部分，須多做幾次儀式才能完整。

生命是一種選擇，

每個選擇可能帶來不同的未來

第
14
章

保持選擇
的彈性

你有你的路，我有我的路。至於適當的路、正確的路和唯一的路，
這樣的路並不存在。

You have your way. I have my way. As for the right way,

the correct way, and the only way, it does not exist.

尼采　Nietzsche

生命由無數選擇堆疊而成

　　康乃爾大學的研究指出，成年人平均每天做出大約 35,000 次有意識的選擇，光選擇食物每天就有 226.7 次的決定，當我們擔負的責任越多，每天須做的選擇也越多，而每個選擇都會帶來結果，不論看起來是好或壞的結果。就像夏日選錯食物，帶來腸胃炎的結果；選錯伴侶，可能帶來生活困頓或暴力陰影的後果。

　　我們的生命由無數抉擇堆疊而成，每個選擇就像一磚一瓦，堆疊至一個程度才能大概看見建築物的局部樣貌，也因為如此，往往是毫無防備、一步步偏離自己想要的豐盛，驀然覺察時，可能為時已晚。

　　只要回顧自己人生中的重大抉擇，就知道好好選擇有多麼重要。可是，我們卻常常不知道怎麼選擇。如何做好每個選擇、如何讓自己透過選擇堆疊出想要的豐盛，是非常重要的部分。

沒有任何人能代替你
思考、抉擇

電影《深夜加油站遇見蘇格拉底》中，有一幕是蘇格拉底對男主角丹說：「每個人都想告訴你怎樣做對你才是好的，他們不想讓你去尋找答案，只是要你相信他們而已」，「我要你好好從內心思考，而不是參考別人說的」。

不少人一遇到問題，不論是跟男女朋友吵架、落榜、失業、工作遇到瓶頸、失戀……，第一個反應是到處詢問他人的意見，但詢問親友、師長、專業人士，他們真能給我們最好的建議嗎？

每個人有不同的成長經驗、不同的價值觀、不同的喜好、不同的優缺點，他們真能幫我們的人生做抉擇嗎？這並非指完全不能詢問他人意見，而是我們內心必須有足夠的清晰與堅定，才能

讓那些意見成為協助，而非阻礙或干涉。

　　如果不傾聽自己的內心，不去仔細思考自己在這個狀態中的相關感受與優勢和劣勢，而直接以他人的建議做選擇，不僅背離自己的心，更是看輕自己的生命本質。

　　這樣的人有個明顯特徵，就是當他遇到失敗或挫折時會說：「要不是某某人說了 ooxx，我才不會這樣做呢！」、「都是因為某某人跟我說 ooxx，現在才會搞成這樣！」一個無法對自己生命負責的人，也不敢承擔自己抉擇的責任，便容易輕率採用他人的意見。

　　因為害怕失敗而裹足不前、不敢自己抉擇，並不會讓你的人生更加豐盛。

做清楚明白的選擇，
勝於正確的選擇

　　美國前總統德懷特·艾森豪曾說：「所謂決斷，就是保有不會迷失目標的決心」。越重大的抉擇，越必須與自己的生命目標對焦。我們必須清楚明白這趟旅程的目的地，蒐集好相關旅遊資訊，才能妥善安排最適當的食衣住行，讓這趟旅程順利圓滿。人生亦復如此，如果沒有清晰的目標、沒有傾聽內心的渴望，如何蒐集相關資訊、做最適切的抉擇與安排呢？

　　第一步是掌握目標，第二步是必須盡可能的完整分析。你可以將各種可能的選擇、每個選擇的優點與缺點全部列於紙上，給自己一段時間好好思考、補充或修改，蒐集最後判斷的資訊。如果有需要，也可排列優先次序，列出首要計畫與次要計畫，或是前面選擇失敗後的備案計畫。

　　從求學時代開始，在面臨各種人生重大選擇時，我必須遵循前述的方法外，也必定保有一個思維習慣——預先想好各個選擇「最糟最糟的後果」，並深入想像這最糟後果帶給我的感受（＂感受＂比單純＂想＂更重要）。在最後抉擇時，會反覆問自己：「這個選項最糟最糟可能如何，如果萬一發生了，我真能接受這個最糟的狀況嗎？」如果我確信自己可以承受這個最糟情形，就決斷出最後的決定了。

　　這個思維習慣對我的幫助很大，除了讓我做出不會後悔的決定外，更像打預防針一樣，縱使最糟狀況出現了，也不會花時間怨天尤人，在抉擇前已有心理準備的狀況下，能更從容果敢的面對那些負面狀況。有些朋友常說我很敢於決斷，但與其說勇敢，不如說早已做好最壞打算、打好預防針了！

打開選擇的彈性，打開從無到有的路

除了如何抉擇之外，很多學生與個案向我提出的困擾是：常覺得沒有選擇、不得不如此，感覺人生沒有自由。有趣的是，當我們懇談之後，又常常能打開許多可能與選項，那為何一開始會覺得自己沒得選擇呢？會不會這只是大腦給我們的錯覺？

1900 年代初期，醫學常將大腦理解為不可再生的器官，神經科學家也普遍認為大腦的結構和功能，在成年期基本上是固定的。出生時，大腦皮層中的每個神經元估計有 2,500 個突觸；3 歲時，這數字已經增長到每個神經元 15,000 個突觸；而在 6 歲以前，大腦仍具可塑性，所以會建議在 6 歲前多學習各種語言與訓練。然而，普通成年人的突觸數量約只有一半，於是過去多年來的文獻報告常告訴我們，成年人腦的構造是固定不變的，而且

一旦腦神經受損，要修補是不可能的。這也就是說，腦子生來如何，就已經決定了命運。但真的是如此嗎？

　　事實證明，這樣的結論大錯特錯。1970 年代開始，越來越多實驗結果和臨床病例顯示，這個教科書上的定律可能有誤，近期更出現大量證據表明，不論年紀如何，人類腦神經均具有可塑性，可以適應後天變化，不僅會生長，甚至神經元可以再生。當代最有影響力的神經科學家之一麥可・梅澤尼克（Michael Merzenich）博士說：「大腦可塑性，也稱為神經元可塑性（neuronal plasticity），是神經科學家常用的術語，指的是大腦在任何年齡都具有發生變化的能力──不論是變好或變壞」。

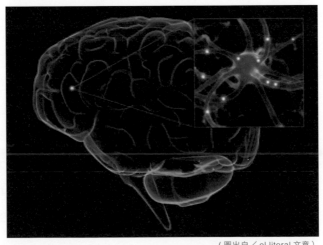

（圖出自／el litoral 文章）

　　大腦由神經元細胞和神經膠質細胞構成，這些細胞互相聯繫，通過加強或削弱這些神經元之間的連接，大腦的結構可以發生改變。無數實驗均證明，人類即使到了 60、70 歲，甚至 80 多歲，大腦仍保持結構和功能發生變化的能力。並且，近代有許多臨床實證，經由腦神經元可塑的訓練，不僅使中風者康復，對於自閉症、亨廷頓症、帕金森氏症……均提供有效支持，腦神經元可塑的結論，已掀起醫學上重要的變革。

　　羅門・多吉（Norman Doidge）醫師在其著作《改變是大腦的天性》中提及多個個案，那些長久以來被認為無可藥救的病人，奇蹟般的進步：天生只有半邊大腦的米雪兒，重新組織她的腦，可以像正常人一樣工作；被認為是智障的楊，透過大腦的訓練，現在能夠治療其他像她一樣的人。盲人可以看見，智商可以提昇，年老的大腦變年輕，腦性麻痺的孩子學會優雅的走路，憂鬱和焦慮消失了……。

　　如果，改變大腦能帶來如此神奇的結果，我們是否也能運用這個力量改變自己的人生？如果我們想擁有成功與豐盛的人生，善用自己的「大腦」與「心」是不二法門。「心」的部分將在本書下一章——第 15 章揭曉；現在，我們得先拿到大腦的使用說明書。

一般成年人腦大約有 860 億個神經元，其可塑性在整個生命過程中都在進行，並涉及神經元以外的腦細胞。具體來說，神經元可塑性有兩種主要類型：

1. 功能可塑性

近代醫學已證實，大腦有將受損區原本的功能，轉移到其他未受損區的能力；相反的，大腦也能使原本正常的區域，因抑制作用而減損功能，這就是大腦的「功能可塑性（Functional plasticity）」。

前者因中風而腦部部分區域受損的患者，在臨床上已有相當實證指出，許多中風患者的左腦全部失能，但卻發現右腦在語言功能上能起作用，即右腦這區域在功能上改變了原先的非語言區域，然後執行語言區域的功能，這就是功能性的改變。

2. 結構可塑性

大腦具有能通過學習，實際改變物理結構的能力，這就是「結構可塑性（Structural plasticity）」。著名的例子是對倫敦計程車司機所做的實驗，研究發現計程車司機的記憶腦區比普通人還要大，尤其是與地理位置有關的部分；透過長期開計程車，塑造、改變了他們的記憶腦區，這是結構性的改變。

　　「大腦可以變好，也可以變壞。當大腦停止生長並停止形成新的聯繫、神經網絡（模式）時，大腦就開始失去連接、分析、靈敏、智能與創造力。」ABM 療法創始人阿納・巴奈（Anat Baniel）如是說。好消息是，最新的研究表明，大腦永遠不會停止響應學習而發生變化，我們能透過以下正確方法，將消極的大腦逆轉、轉化為積極的大腦。

1. 持續做有興趣的學習

　　大腦本身的基本邏輯是用進廢退，不用的神經元將被剪除，我們可透過持續地學習來刺激腦皮層，讓神經生出新的神經元，如此一來，大腦的能力與水平也會不斷提升。利用學習來刺激神經元新生，針對自己有興趣的部分學習，可帶來最佳效果，因為帶來快樂感受的神經傳導物質多巴胺（dopamine），是提升學習效能的要角之一。當達成目標時，多巴胺會大量分泌，令人感受到歡欣鼓舞，同時也會讓達成目標行為的那個神經迴路連結得更緊密。所以，我們可以找尋自己喜愛的語言、手作、專業知識、烹飪、花藝、繪畫、歌唱……課程，讓自己的大腦變年輕喔。

2. 對自己不輕言拒絕、放棄

　　自我放棄的過程會對腦神經元引發不良作用，當我們一直告訴大腦：「我沒辦法、我沒得選擇、我不行了」，大腦頻頻接受

這樣的資訊後，這個自我放棄的迴路會越來越深，導致未來在其他人事物上，更容易慣性告訴自己沒有其他的選擇。要終止這個惡性循環，就是鼓勵自己多做各種嘗試。別小看生活中的微小調整，小至改掉偏食習慣、偶爾走不同的路徑上班或回家、多說「我願意試試看」，都可以幫助大腦更加靈活。

3. 重複迴路與漸進式構築

　　愈常啟動大腦內的某個特定迴路，反覆刺激後，迴路中的神經元彼此間的連結會大量增加，這個迴路就會變得愈強健。就像我們準備大考時，必須反覆背誦一樣，背誦越多次，記憶通常就越深刻。所以腦神經科醫師常開玩笑說，運動員與音樂家常是最好的患者，因為他們最明白「持續練習」的重要性。

　　另外，強化腦部的過程，有時就像在健身房重訓一樣，如果永遠用相同重量的啞鈴練習、維持一定的舉重強度，對於進步是沒有幫助的。如果想更強壯，就必須增加啞鈴或舉重的重量與次數。這道理自然也適用於腦神經迴路，這也是為何第十一章構築自我覺察力的「覺知訓練」，必須從腳部慢慢拓展至手部、最終至全身，比起一次性、全面性的練習，漸進式的練習更能帶來卓越的效果。這道理也可運用在讀書學習上，研讀知識需要分段落，千萬別貪心一次全部囫圇吞棗，要循序漸進、讓大腦有時間消化

並休息，而老師在教學上最好從基本概念開始講解，帶來的學習效果也更好。

4. 充足的休息與放鬆身心

樹突（dendritic）在神經元末端，協助將信息從一個神經元傳遞到另一個神經元。研究證實，睡眠對大腦樹突生長有重要作用，透過加強休息或睡眠，能促進大腦具有更佳的可塑性。至於睡眠需要多久時間？一般而言8小時只是通則，每個人還是有個別差異，也會隨年齡變化而有不同。了解自己睡多久的感受最好，並依照自己的需求安排休息會更好，重點是，別再常常熬夜囉！

另外，《大腦當家》的作者麥迪納（John J. Medina）博士指出，人們通常在下午的某段時間，會經驗短暫昏昏欲睡的「午睡時區（nap zone）」，這時段大腦的工作效率不佳，可稍微休息約30分鐘，以提高休息後的認知表現。

除了休息之外，讓身心放鬆也能幫助大腦更有效率。當大腦持續處理特定議題而過度使用時，會出現「饜足現象」，神經系統反而會卡關，這時不能再鑽牛角尖，必須暫時放下這個議題，出去走走、讓自己放鬆，這時卡住的神經細胞會重新整理、連結，往往就有新的靈感出現。

5. 適度鍛鍊身體

　　「大腦是在走路運動時發展出來的」，麥迪納（John Medina）博士指出，人類祖先平均一天要走 20 公里，是支持大腦不斷演化的重要過程。運動使腦細胞得到更多氧氣和養分，增加神經生長因子 BDNF 的濃度，促進神經元生長。一項英國研究顯示，兒童在上課前做 5 分鐘的基本運動（例如手臂畫圈擺動），學習效率均有提升。我們可以利用午休或晚餐飯後散散步，幫助大腦新陳代謝，也有助於提升專注力。

　　規律的適度運動已被證明對大腦有許多好處，2018 年《神經科學前線雜誌》上的一篇論文表明：適當運動能促進海馬區（hippocampal region）的神經發揮作用，有助於防止海馬體關鍵

區域的神經元消失，而海馬體是大腦中與記憶和其他功能有關的區域。

6. 提升專注力與覺察力

加州大學舊金山校區教授莫山尼克（Michael M. Merzenich）研究發現，只有全神貫注在做一件事時，大腦長久的改變效果才會出現，所以，他認為「專注力」是影響大腦長期塑造和改變的先決關鍵。若我們只是自動化做事而沒有專心去注意和覺察，那這個改變將不會持續長久。大腦可塑性的改變，仰賴專注的心靈力量，改變大腦需依靠個人的決心與努力，而「覺察力」的養成與「專注力」的訓練，成為改變大腦的重要關鍵。

7. 適度的陽光讓大腦重新配線

南丁格爾曾說：「全心全意照顧病人的經驗告訴我，除了新鮮空氣，次要的是光，患者不僅需要光，而且需要陽光的照射。……很多人以為陽光照射只是心理作用，我認為絕對不是，太陽不僅是畫家，還是雕塑家」。光療不僅指雷射光治療，早在二次世界大戰時期，英國修女華德喜歡將她照顧的早產兒推到室外曬太陽，醫師意外發現她照顧的早產兒黃疸現象均明顯好轉，這便是現今醫學為早產兒進行黃疸光療的起始。近代醫學並發現，身體細胞內的粒線體竟可吸收 1 億 5 千萬公里遠的太陽能量，

再轉換產生成供應細胞所有工作能量的腺苷三磷酸（adenosine triphosphate, ATP），也供給能量給免疫系統與修復細胞。

　　陽光會影響大腦中的化學物質，例如增生腦內啡（Endorphin，又稱內啡肽，可令人感覺良好，緩解疼痛、壓力、緊張和焦慮）或血清張素（Serotonin，是一種常見的神經傳導物質，可調節我們的心情和睡眠，憂鬱症患者的血清張素通常很低）。臨床上更從腦創傷與阿茲海默症患者身上驗證光療的效果，證實光療改進了大腦神經元之間的連結，並增加了大腦中的神經生長因子BDNF。

8. 放慢動作，並注意自己的小動作

精神科醫師羅門‧多吉（Norman Doidge）在其著作《自癒是大腦的本能（The Brain's Way of Healing）》中提到，慢動作是覺識的關鍵，而覺識是學習的基礎。放慢動作、關注自己的小動作，可幫助大腦觀察到細微變化與其中差異，大腦的神經元就能開始改變。

物理學家摩謝‧費登奎斯（Moshé Feldenkrais，1904-1984）曾說：「心智會在按部就班的發展後，開始設定大腦的功能，也就是心智與身體以微妙的『重新設定』方式，使人類整體結構功能更上層樓」。摩謝運用許多放慢動作與覺察自己身體移動的方式訓練心智與大腦，不僅讓自身膝蓋頑疾康復，甚至幫助許多無法行走的人重新站立、步行，其中甚至包含以色列第一任總理班‧顧列安（David Ben-Gurion）。

9. 運用冥想鍛鍊大腦

《神經生理學期刊》曾發表過一項研究，研究者找了 29 位身體健康的人進行實驗，其中 15 人手腕纏繞醫用高分子繃帶，指示他們每周 5 日、每日靜坐 11 分鐘。在靜坐過程中，研究者要求參與者「冥想鍛鍊」，即在腦海中想像手腕做強烈的肌肉收縮動作。其餘 14 人則未接受任何指示，僅作為實驗對照組。持續 4

周試驗期結束後，從事「冥想鍛鍊」的參與者，腕屈肌的力量竟是對照組參與者的 2 倍。這項研究證實了，對於因健康問題致活動能力受限者，「冥想鍛鍊」可防止肌肉萎縮與力量下降，也證明了透過冥想、運用想像力，確實可以帶來身體本質上的改善。

　　麻省總醫院（Massachusetts General Hospital）的研究指出，對比有 1 ～ 30 年冥想靜坐經驗者與無經驗者各 15 位的大腦核磁共振圖（MRI）發現，冥想打坐能增加前額葉腦皮層和右前腦島等腦皮層區域的厚度，而這些區域與注意力、感知力、邏輯推演能力有關，許多著名科學家、音樂家、運動員、語言學家與各領域菁英的腦皮層區域也都有增厚現象。

　　冥想，已被醫學證明能增厚前額葉皮層，帶來提高注意力和決策力的結果。大腦的高階功能可透過冥想變得更強大，並減少低階大腦活動，我們的確有能力透過冥想訓練自己的大腦。哈佛醫學院神經科學家沙拉・拉扎爾（Sara Lazar）在她的研究中發現，40、50 歲有長期冥想習慣者的大腦，擁有與普通 20、30 歲年輕人相同數量的灰質，較多的灰質將會帶來更多、更持久穩定的正向情緒，與更高的專注力。

豐盛魔法需要清晰、
強而有力的導向

航行中
的燈塔

第 15 章

我曾是一個探索者，現在仍是。
但我已不再從書本和星星中探尋答案。我開始聆聽內心的教誨。

I have been a seeker and I still am, but I stopped asking the books and the stars.

I started listening to the teaching of my Soul.

波斯詩人／魯米 Rumi

　　追尋豐盛的旅程中，我們的「大腦」與「心」是最重要的兩
個關鍵，其中，「心」更是通往潛意識大門的鑰匙。倘若問一般
人：哪個器官主宰人類的身體？通常答案都是「腦」，記得小時
候念的書總說大腦是人體器官的總司令，但這樣的觀念，已被近
代許多科學家推翻。

　　你知道當我們是胎兒時，在母親體內形成的第一個器官是什麼嗎？就是「心臟」。從心臟陸續往上開始發展出舌頭、鼻腔……，然後才開始發展腦部。如果腦是總司令，那為何胎兒在還沒發展腦部前，就已經有心跳了呢？我們過去認為「腦」最重要，因為它是身體、情感與記憶的控制中心，但難道「心」都沒有這些能力嗎？也或許，關鍵在於過去我們對「心」的理解太少。

心與腦合作無間，
共同管理身體

　　過去對於心臟的理解，多半僅止於心血管系統的泵，維持血液循環的幫浦。成人的心臟平均每天跳動 10 萬 1 千次，相當於將 9 千公升的血液輸送到 9 萬 6 千公里長的動脈、微血管、靜脈與其他血管中。但現今有越來越多證據顯示，心臟輸送血液的功能，與新發現的心臟作用相比，根本是小巫見大巫，這些心臟的奧秘已陸續被研究、發現。

　　倒是古老的傳承有其智慧，北美澳馬哈族人（Omaha）的智慧傳承說過「你會從內心得到答案」；埃及人製作木乃伊時，會將往生者的心臟留存體內，而丟棄不需要的腦組織；佛教在大約西元三世紀開始流傳的《華嚴經覺林菩薩偈》亦已揭示：「若人欲了知，三世一切佛，應觀法界性，一切唯心造」。這些距離遙

遠的世界古老智慧，均不約而同地指向「心」，是生命智慧泉源最重要的秘密。

神經元是一種因電刺激而與身體其他細胞交流資訊的特殊細胞，過去認為大量神經元會集中在腦部與脊髓。而 1991 年，《神經心臟學期刊（Neurocardiology）》發表一篇由蒙特婁大學阿默（J. Andrew Armour）博士帶領的團隊研究結果，他們發現心臟居然也有約 4 萬個特殊神經元或感覺神經突所形成的溝通網路，而心臟內的神經突與大腦神經突執行的功能，竟有許多是相同的。

這代表心臟內也像有個 "小小的腦" 在運作，會將情緒轉換成神經系統的電訊語言（electrical language），創造頭部和心臟之間的溝通系統，將結果傳輸給腦，使腦再做進一步的執行工作，例如緊張時通知大腦要更多腎上腺素，安全時就減少腎上腺素的製造。另外，心能商數學會（Institute of HeartMath）研究發現，心臟與腦的電磁場有極強的同步性，當人體愈和諧、放鬆，心腦間的同步性也愈強，身體也越舒服暢快。

心臟也能記憶

　　自從 1967 年在南非完成世界首例人體心臟移植後，心臟移植技術迄今已更成熟而不再罕見，光 2014 年全球就有 5 千人接受心臟移植，然而自移植首例以來，卻常發生「記憶移轉」的特異現象。

　　1988 年接受心臟移植的克萊爾・希維亞（Claire Sylvia），在她的傳記《心的轉變（A Change of Heart）》完整描述記憶轉移的經歷。其中一個例子是：她在移植成功後忽然變得很喜歡吃炸雞與青椒，但這些都是過去身為專業舞者的她絕不會碰的食物，後來她找到捐贈者的母親，才發現這個年輕捐贈者生前最愛吃的就是炸雞與青椒。

　　1999 年，神經心理學家保羅・皮爾索（Paul Pearsall, M.D.）醫師出版了《心的密碼（The Heart's Code）》一書，記錄許多受移植者體驗到心臟原主人的真實生活記憶、夢境、甚至噩夢。其中一例是一個接受心臟移植的 8 歲小女孩，在手術後開始出現一連串非常恐怖、清晰、逼真的夢境，甚至完整說出一個謀殺案的細節與地點，當警局開始介入調查後發現，原來那些記憶是原本心臟的主人——一個被謀害的 10 歲小女孩的記憶。最後根據受移植女孩的敘述，成功將歹徒繩之以法。

　　心臟具有記憶性，已成為現代醫學研究的目標，然而早在古埃及製作木乃伊時，會將往生者的心臟留存體內，丟棄他們認為不重要的腦部組織，甚至在埃及盧索伊城郊外，發現一個 2500 多年前的特殊木乃伊，出土時心臟位子仍發出跳動聲，經研究後發現是古人用含有放射性物質的黑水晶，為往生者的心臟裝置黑色起搏器，使其 2000 多年來依舊保持跳動。埃及人如此重視心臟，是因為他們相信生命所有的智慧都儲存在這裡，心是通往永生的重要通道。

心的力量，
遠超乎你的想像

　　1968 年，物理學家大衛・柯翰（David Cohen）以非常敏銳
的超導量子干涉儀（SQUID），首次測量到大腦磁場。電磁場強
度的計量單位叫特斯拉 (T)，而 μT、fT 是相差 10 的 9 次方倍強
度 (1μT =10^9fT)。地球磁場強度約是 50 ～ 60 μT，大腦磁場僅
為地球的億萬分之一（大腦皮層活動為 10fT，腦波處于 α 波時
為 1000fT）。

　　1991 年成立的美國加州心臟數理研究所（Institute of
HeartMath），發現了一個環繞在心臟並向人體外圍擴張的電磁
能量場（Heart's Electromagnetic Field，右圖），具環狀圓形曲面，
半徑約 1.5 ～ 3 米。並檢測出心臟電磁場強度可達 5 萬 fT，而大
腦僅有 10fT，可知心臟電磁場能量比大腦強上 5 千倍，這也代

表過去我們耗盡腦力努力的過程，不論求學、考試或事業、賺取財富……，如果能完整開發「心的力量」，可能用約 5 千分之一的力量即可達成。想輕鬆致富、獲取成功的朋友，必定要掌握「心的力量」。

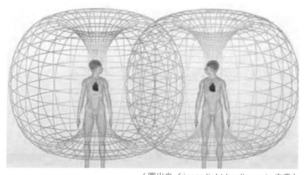

（圖出自／ inner light healing arts 文章）

　　除了心與腦的電磁場相差懸殊之外，有個有趣的實驗更證明用心冥想可改變物質界。1997 年德國卡塞爾大學的研究表明，利用冥想以「心」發送光給特定對象（該對象不在同一空間）時，可從冥想者胸部區域檢測到每秒有 10 萬個光子持續發射（這足以讓光隱約可見，因每秒約 1000 個光子，即足以產生肉眼可視見的感覺），而在沒有進行心的冥想情況下，僅觀察到每秒 20 個光子在胸部區域。如果我們的心電磁場如此強大，又具有改變物質的力量，比起大腦，「心」勢必對我們的生命有更強的主導力，也是引導我們這一生走向幸福與豐盛的燈塔。

啟用你生命的燈塔

　　要打開心的強大力量，其實方法並不難，困難之處在於生活中能否持續執行。我們先來談談做法。當心的力量開始運作時，心與腦會開始和諧共振，此時大腦的腦波會從平日警醒狀態的 β 波（14-30HZ，表意識）轉換成 α 波（8-14HZ，橋梁意識），如果心的力量開啟更強更穩定，大腦甚至會進入更深沉的 θ 波（4-8Hz，潛意識），所以，如果想知道「心的力量」是否啟用，測定腦波也是一種方式。從這裡也可以了解，能將腦波從 β 波調整為 α 波的作法，便是打開「心的力量」的方法，最簡單有效的就是靜心冥想（Meditation）。

　　美國喬治梅森大學（George Mason University）教授羅伯特・尤曼斯（Robert Youmans）和伊利諾大學（University of

Illinois）博士生查德・蘭姆斯堡（Jared Ramsburg），請數十位
學生在講座前進行 6 分鐘的簡單冥想（放慢呼吸數息，在每個吸
氣時數秒數，從 1 數到 10，再從 10 數到 1，重複循環），並且
與一群沒有冥想（單純閉眼放空）的對照組進行比較。結果發現
簡短的冥想不僅幫助學生們集中精神，提升專注力與記憶力，並
帶來輕鬆愉悅的感受。

　　每天只需要投資自己 5 ～ 15 分鐘，找個不被打擾的時間、
空間（哪怕是坐捷運通勤的時間也可以），練習靜心冥想，就能
幫助打開心的力量、提升專注力與記憶力，也協助頭腦做出有智
慧的決定。

　　初次嘗試者建議從各種呼吸冥想開始練習，或上 YouTube
找尋自己喜愛的冥想方式，也是不錯的選擇。但要打開「心」
這個寶藏，並非偶爾冥想即能獲得，古希臘哲學家亞里斯多德
（Aristotle）曾說：「卓越並不是單一的舉動，而是一種習慣。」
唯有堅持持續練習者，將擁有生命智慧之光的照耀與祝福。

行動力是必要的基本標配，
keep walking!

第 16 章

轉動的輪子

生活就像騎腳踏車，若想保持平衡，你必須持續前進。

Life is like riding a bicycle. To keep your balance,

you must keep moving.

愛因斯坦 Albert Einstein

阻礙行動力的
心因性原因

　　「現實是此岸，理想是彼岸，中間隔著湍急的河流，行動則是架在川上的橋樑」，俄國最偉大的寓言作家克雷洛夫（Иван Андреевич Крылов）如是說。「行動力」絕對是成功與豐盛的必要配備，只有採取行動的人，才能改變人生，這道理人人都懂，但為什麼我們老是無法採取行動？或是不知道該如何行動？

　　《結果，立刻去做的人得到一切》的作者藤由達藏認為，只要一旦心情低落，人往往就失去行動力。當我們無法採取行動時，

透過改變視角、轉換心情，用「動腦」取代「煩惱」，以邏輯思考代替沉浸於負面情緒，就能輕易提高行動力與實現夢想的速度。

　　過去遇到行動力低落時，我通常不會勉強自己留在原地打轉，而是告訴自己暫時丟下這件事，換上一雙好走的鞋，一個人在馬路上或商場裡放慢腳步、隨意步行，走到我覺得心情不同了（通常是 30 分鐘到 1 小時後），才走回去繼續念書或工作，倍感效率馬上提升，這方法對我自己的助益極大。

　　如果是因為心情造成的行動力低落，除前述方法外，還可以藉由適度運動排汗、練習漸進式放鬆冥想、泡澡、唱歌，讓自己暫別低落狀態，才能讓身心有機會回復力量。但如果心情低落造成失去行動力的情形反覆發生，就代表前述方法的效果有限，必須將根本原因找出來，才能獲得完整解決。

　　阻礙行動力的根本原因，與前面幾章討論到的「潛意識」限制性信念有關，例如本書第六章提到的個案毅廷，因父親的家暴與遺棄，在潛意識埋下認為自己無法成功的信念，而嚴重阻礙考試與工作上的行動力時，就必須透過面對、療癒過去的創傷，才能徹底斬草除根。

漸進式放鬆冥想

當我們靜下來，讓身體處在極度放鬆的狀態，腦波自然會開始轉換進入 α 波 ——智慧的腦波。時常訓練腦波處在 α 波，可促進生活中的決定更清晰正確，自然而然減少許多不必要的情緒，使身心維持在平衡、自在的狀態。

這個《漸進式放鬆冥想》非常適合每天睡前或想放鬆的時候練習，如果練習到一半睡著了，也沒有關係，只要冥想引導繼續播放著，潛意識依舊可以繼續幫我們調整身心狀態。請掃描下方 QR code 下載音檔，持續練習。快找個不被打擾的安靜地方開始試試吧！

共同的生命運行模式

　　早在一千多年前，古希臘數學家阿基米德（Άρχιμήδη，前287-前212）對螺旋線進行了研究。西元 1638 年，著名數學家笛卡爾（René Descartes，1596-1650）首先描述了螺旋線，並列出了螺旋線的解析式。這種螺旋線在自然界極為常見，植物中的向日葵、鳳梨、雛菊、玫瑰花瓣、蕨類、多肉植物的葉肉、車前草的葉片，動物中的象鼻、蝸牛殼、鸚鵡螺、牛角或其他動物角、蝙蝠的錐形螺旋飛行，颱風、龍捲風、旋風乃至地面上被風捲起的落葉，或水流中也往往可見漩渦，乃至人類的 DNA，均可見這些美麗的螺旋漩渦狀線條。

　　在人體內，傳遞生物遺傳訊息的去氧核糖核酸（DNA），它巨大的分子有著盤梯式的雙螺旋形狀，這種螺旋從底部到頂

端，一路都呈右旋。獲得諾貝爾醫學生理學獎的華生（James Dewey Watson），曾繪製去氧核糖核酸（DNA）雙螺旋結構的分子模型，成為二十世紀以來生物科學最偉大的發現之一。

　　有人說，週期反覆的螺旋狀是無限的象徵，螺旋狀裡隱藏許多謎題。在藝術方面，它能夠完成美的造型外，梵谷也用漩渦狀線條表達他對生命的熱情與執著；在考古學上，許多古文明土偶身上穿的衣物形狀都是螺旋狀。

　　量子力學家用顯微鏡觀察原子組成時，可看到一個很小、像龍捲風的漩渦，以及一些無限小的能量漩渦，稱為夸克（組成原子的最小單位）。在宇宙中，星雲也呈現螺旋狀，而地球自轉的軌跡、地球環繞太陽旋轉與整個太陽系繞行太陽的軌跡，均與這個神秘螺旋相呼應。而歷史也是在螺旋形漩渦中推移，冰河以週期定期重現，大地震同樣也有週期性的傾向。曆年是時間的推移，有其固定週期也不足為怪。

　　圓的軌跡若加上時間因素，則會變成螺旋漩渦狀。一個轉動的輪子並非呈現單調的圓形，而是呈現漩渦式的移動，甚至尼采也曾在《查拉圖斯特拉如是說》中寫到：「一切美好的事物，都是曲折地接近自己的目標，一切筆直都是騙人的，所有真理都是彎曲的，時間本身就是一個圓圈」。

　　如果我們想開車登上某座高山，無法以直線直接從山腳開上山頭時，上山的路徑必定呈現漩渦螺旋狀。這與我們的生命歷程極為接近，很多時候我們認真往前走，似乎繞了一圈又看到一樣的風景，以為自己沒有進步，但其實已經往上繞行山路一圈，看到的風景雖然類似，但高度已經不同。

　　歐洲古諺曾說：「As within, so without; as above, so below.」意思為：如其在內，如其在外；如其在上，如其在下。這世界從微觀可見宏觀，正如一沙一世界、一花一天堂。

　　漩渦螺旋狀既是生命共同的現象，我們的人生亦是如此，唯有不斷前行，方能走出這樣的生命型態。人生難免有失去動力的低潮時刻，去看看日出與日落，在高處看看海上的潮起潮落，躺在草地上看看藍天白雲與暗夜星空的交移，這些自然的力量會為內心深處帶來啟迪，幫助我們找回勇敢前行的力量。

太極的智慧，

就是爲與不爲的美好平衡

——

無為之道

第 17 章

我們拼命工作是為了想讓自己開心。那為何我們還這麼慘呢？

We work feverishly to make ourselves happy. So why are we so miserable?

美國暢銷作家／塞萊斯特・赫德利 Celeste Headlee

打破「效率」的迷思

「人為了幸福而賺錢，他全副精力都花在賺錢上，幸福被遺忘了，手段被視為目的」卡繆（Albert Camus）如是說道。如果想獲得成功與致富的人生，一定得耗盡時間心力、鎮日埋首工作，甚至犧牲家庭或休閒娛樂嗎？如果減少工作的時間，就必定會效率低落而無法成功嗎？

過去我們常習慣以付出的時間認定成功與效率，比如 A 員工說昨晚工作到半夜十二點才下班，而 B 員工則準時六點下班離開公司，一般老闆多半會認為 A 比 B 認真工作，但真的是如此嗎？有沒有可能耗費較多時間工作的人，反而是效率不足、甚至是怠忽職責的呢？

　　卡夫卡（Franz Kafka）曾說過一句有趣的話：「光勤勞是不夠的，螞蟻也非常勤勞」。如要窺見效率的真相，必須先打破舊有迷思。

1. 工時多不等於努力

　　冰島政府與首都雷克雅維克（Reykjavik）議會於 2015 ～ 2019 年間推動兩項大規模試驗，將 2500 名公部門員工工時，從每周 40 小時縮減至 35 或 36 小時，也就是試行一周工作四天的制度，工時減少但薪水維持不變，其中包括朝九晚五與輪班工作者，工作場所涵蓋辦公室、社工中心、幼兒園與醫院等。根據英國廣播公司 (BBC) 報導，實驗結果表示，以更少的工作量支付

相同的工資，多數勞工縮減工時依然能維持生產力，甚至有所提升，跟以往相較，對工作感到倦怠的情形更為減少。

而工時縮短令他們的壓力減輕、健康獲得改善，且工作與私人生活之間更能取得平衡。他們花在處理家務的時間變多，也能留給自己更多獨處時光。報告亦指出，試驗開始後，男性勞工承擔更多家庭責任，令家庭關係更加和諧。而且，多出來的時間還能做更多提升生活品質的事情，與家人共度時光或從事自己的業餘愛好。參與該實驗的英國智庫「自治（Autonomy）」以及冰島永續民主協會（Associatoin for Sustainable Democracy，ALDA）均認為這項實驗「取得了巨大的成功」，將進一步拓展到其他產業。

日本微軟 Microsoft 在 2019 進行了一項名為「夏季工作與生活平衡挑戰賽」的實驗，將公司全體 2300 名員工的工作日從一週五天縮減成一週四天，週五就開始休假，等於週休三日，並按原薪支付。實驗結果非常成功，職員對工作的滿意度達 92.1%，所有會議被縮短、工時減少 25.4%，工作效率卻提高了將近 40％。這些實驗均明確證明，過去我們對於時間與效率的關聯，必須重新定義。效率的核心不是你做了多少、花了多少時間，而是你究竟完成了多少。

2. 多工處理反而有損效率

　　走進辦公室，許多人電腦螢幕上可能同時打開 6 個瀏覽器頁面、2 個 email 帳號、2 份文件檔、1 個 pdf 檔以及至少一個社群網站或 app。我們也許經歷手上同時處理 3 ～ 5 件不同的工作，包含打開一封 email 與正在講電話，在電腦前忙了好幾個小時後，發現一個上午結束了，好像所有事情仍舊沒任何進展。

　　《極度專注力》的作者克里斯・貝利（Chris Bailey）揭露了一個統計數據：平常工作日，我們平均在電腦軟體之間切換 566 次，查看電子郵件 88 次……平均每小時 11 次。在電腦前面工作的時候，平均每 40 秒就會切換一次任務。許多人認為「多工處理（multi-tasking）」是展現效率的一種方式，似乎手上同時處理越多事情，代表越有效率或能力越強，但真的是如此嗎？

　　科學家哈洛德・帕施樂（Harold Pashler）以一項「雙重任務干擾」（Dual Task Interference）實驗證明，反駁了這件事。他先要求一群受測者做一件非常簡單的事，像是在燈亮起時按下按鈕；接著又要求另一群受測者做同樣的事，但加上另一件簡單任務──根據閃燈顏色不同、按下不同的按鈕。結果證實，後者在增加第二項任務後，無論任務內容再怎麼簡單，花費的時間均比前者加倍，代表兩件事同時多工進行時，並沒有真正獲得減少

總體時間、提高效率的結果。

然而，多工處理除了沒有實際提升效率之外，甚至還有負面影響。實驗證明當我們把注意力從一項任務轉移到另一項任務時，部分意識仍停留在上一項任務，這就是「注意力殘留（attention residue）」現象，當人們在執行工作時一旦分心或受到干擾，平均要花 22 分鐘，才能重新回到原本的狀態。

當同時專注於多項任務時，大腦容易出現認知資源不足的情況，此時需要集中注意力，開啟大腦的執行機能，但是認知表現卻因此降低，反而變成減損效率的狀態。所以，生產力專家克里斯・貝利（Chris Bailey）認為，關鍵在於：外在環境與內在思緒，都在爭奪我們最有限的資源——注意力（Attention）。**管理好自己的注意力，就是找回工作效率與生活節奏的重要關鍵。**

說「不」的勇氣

　　既然專注力是重點，除了前面幾章提到靜心冥想可提升專注力之外，在現實生活中，還必須要能做到：

1. 學會拒絕他人

　　史蒂夫・賈伯斯（Steve Jobs）說：「專注，就是你要懂得說不」。尚・艾克（Shawn Achor）在《Before Happiness》一書中說道：「雖然人類大腦每秒從環境中接收 1100 萬則資訊，但它每秒卻只能處理 40 則。」

　　這意味著大腦必須做出選擇，僅處理占輸入資訊微小比例的一部分，大量資訊被選擇性忽視。現實就是一種選擇，你選擇專注於塑造感知和詮釋的世界，所以，選擇說「不」原本就該是一

件很自然的事，大腦時時刻刻都這麼做，合理的拒絕，會幫助我們效率更高、將精力用在關鍵處。

我常叮囑學生，不要當個濫好人，當別人請我們幫忙時，必須明白他的需求與自己真心的想法，同時明白自己的能耐、明白不需要依靠維持表面和諧而委屈自己，然後在心中評估，遵守自

己的界線，最後才做出選擇。我們必須在心中劃出人我界線，這個界線不是一種防衛，而是出於尊重彼此生命的各種選擇，我尊重你的選擇、也請你尊重我的選擇；劃出界線不代表不能幫助他人，而是評估自己的能耐與對自己的影響後，做出一個幫或不幫的選擇，而這個選擇理應當被尊重。

很多時候，我們在許多人我關係上產生的問題，認為「那個人應該如此對我」，這就是一種踩過界線的狀態。世界上除了自己應該愛自己、照顧好自己之外，沒有人有義務照我們的意思去做，「劃出界線」真正的意涵"不是"只在身邊畫出一個圓作為界線，界線是來自於你有一個圓、我也有一個圓，兩個圓的距離或交界處，才是真正的界線。我們必須意識到，要尊重每個人的界線，才可能真正尊重自己的界線，因為界線並非來自於捍衛自己，而是來自於彼此尊重。

2. 你是逞強還是勇敢？

除了要有對他人說「不」的能力外，對自己也是如此。有時會勉強自己去做某件事，也許是為了得到他人讚賞、或想證明自己的能力、證明自己也可以和某人一樣，但如果這件事並非我們由衷想做的，從整個生命來看，不也是一種無意義的耗損能量嗎？

　　史蒂夫‧賈伯斯（Steve Jobs）曾說：「你的時間有限，不要浪費時間過別人的生活。別盲從他人思考而生的教條，勿讓他人觀點成為輾壓自己心聲的噪音。最重要的是，擁有勇氣去追隨自己的內心與直覺」。釐清自己的動機非常重要，尤其必須擺脫善於自我欺瞞的小我（Ego）後，通常就能看見真實的動機。

　　除了釐清動機之外，學生也常問我：「這件事我該繼續努力下去嗎？如果我現在就放棄了，這樣是不是不夠勇敢？」本書第五章提到，我們必須明白自己真心渴望的部分，然而生命不可能總是一帆風順，當我們立定目標、歷經艱難險阻時，究竟要勇敢堅持下去、還是果斷放手？

　　首先，我們必須明白，「勇敢」不代表必須死守不放；有時，放手與放下也是一種勇敢，該放手的時候不放手，也許是逞強而非勇敢。美國知名歌手泰勒‧絲薇福特（Taylor Swift）曾說：「『放下』不代表沒本事，有時正因為你夠強大，才能放下曾經緊握的一切」。

　　至於如何分辨「逞強」與「勇敢」，分享一句我大學時代貼在桌前的座右銘──齊克果：「完全的奉獻自己，然後，無論結果是肯定或否定，都要有接受的勇氣」。

　　所謂的奉獻，不是指宗教或某人、某團體，而是指對於自己的生命要有完全奉獻的決心，願意為自己的目標全心全意付出，即使結果不如己意，也能接受這樣的結果，這就是「勇敢」；相反的，如果結果失敗了，無法接受而一蹶不振，那就不是真正的勇敢，只是一種「逞強」。

　　勇敢，不保證結果一定盡如人意，它的精神在奮鬥的過程中，已經發散光芒。勇敢，也不代表沒有恐懼，「人們必須明白，勇敢不是沒有恐懼，而是儘管有恐懼，仍有願意繼續前進的力量」，保羅・科埃略（Paulo Coelho）如是說。

真正的休息

　　當一個忙碌許久的案件終於結案、接連數月壓力極大的終於趕完某個工作，你會想怎樣放鬆一下？找個夢幻景點出國旅遊？上網或去百貨公司血拚犒賞自己？呼喝好友們一起去吃豪華大餐？去 Pub 喝酒、到 KTV 大聲歡唱？

　　當然，每個人可以找尋自己適合的方式放鬆，但有個核心要點是：做完這些事後，有回到像身心充完電的舒適狀態嗎？如果沒有，即須檢視那些看似紓壓放鬆的方法，是否只是感官的刺激或麻醉，而沒有帶來真正的紓壓。

　　那究竟什麼是「真正的休息」？

卡繆（Albert Camus）曾說：「真正的救贖，並不是廝殺後的勝利，而是在苦難中找到生命的力量與心的安寧」。自從工業革命以來，越發繁榮的現代商業模式，已塑造我們的大腦誤認為非得積極做什麼才能帶來什麼，非得努力表現才能爭取存在價值、必須做什麼事才是犒賞自己、必須去玩樂才能補償自己的辛苦……，卻忘記最折磨人的，總是人們對事物的看法，而非事物本身。

科普作家、英國 BBC 廣播公司主持人克勞蒂亞‧哈蒙德（claudia hammond），在《休息的藝術》書裡定義真正的「休息」，是能帶領自己進入一個舒適的放鬆狀態，讓身體可以得到真正的安靜閒適。她列舉出十種休息，其中第一種休息就是一行禪師倡導的中心思想——「靜觀（mindfulness）」，表面上什麼都沒做，既不是等待，也不是安靜不動，而是積極觀察事物的根本。

唯有回到事物的根本去觀察時，才能掌握生命細微而持續的變化，就在這個過程中，身心得到了真正的休息。包含觀察自己的呼吸與胸腔的起伏、觀察觸感或聽覺的變化、觀察自己的感受與情緒……，這些靜心的方式，就像把設定值還原，能達到讓身心真正休息的狀態。可參考本書第十章的豐盛小魔法，覺知訓練也是一種身心平衡方式。

最容易被忽略的，
往往是魔法的首要關鍵

———

第 18 章

創造豐盛的
旅程

你並非汪洋中的一個水滴。你是整片海洋，蘊藏在一個水滴裡。

You are not a drop in the ocean. You are the entire ocean, in a drop.

魯米 Rumi

詹姆斯·雷德菲爾德（James Redfield）在其名著《聖境預言書（The Celestine Prophecy）》中寫道：「你有沒有感覺到，這世界正在發生改變。在我們日常生活中，雖然看上去很好，但有股不安的力量在涌動。這不安的力量總想讓我們做點什麼。」

「你知道嗎，有多少人沉迷在工作中？那些成天緊張的人，他們放鬆不下來，是因為他們想用日常工作迷醉自己，把人生簡化到只剩下實際的東西。如此一來，他們就可以不必去想，人生在世到底為了什麼。」

人生在世到底為了什麼？也許，我們無法短時間解開這個謎題，但只要現在開始探索就不嫌遲。若是一趟永遠不知所以、不知所去的旅程，只怕生命就在渾噩間流逝，我們無法明白生命的真義，也無法真正領會生命豐盛的祝福。

當我們踏上追尋豐盛之路，體悟「我們真正是誰？」、「我們為何而來？」，便是取得心想事成的鑰匙。如果你學會如何心想事成，怎可能無法抵達豐盛境地？生命的奧義如同宇宙廣大，想探其根源，我們可以從人類生命的起源開始思索。

超越達爾文假說

150多年前，地質學家達爾文（Charles Robert Darwin，1809-1882）在《物種起源（On the Origin of Species）》著作中，認為所有的動植物都是由較早期、較原始的形式演變而來，提出我們國中時期就接觸過的「演化論」假說。

然而，近代科學已陸續發現背離達爾文說法的各項實證，史考特·杜羅（Scott Turow）曾說：「除了那些關於自己的故事外，我們還會是什麼？尤其我們對它深信不疑的時候」。

《紐約時報》暢銷書作家、以連結科學與心靈聞名於世的科學家桂格·布萊登（Gregg Braden），於其著作《人類的心智能：超越達爾文演化論，揭露人類天生本具的獨特潛能

（Human by Design: From Evolution by Chance to Transformation by Choice）》詳細臚列各種研究資料，證實演化論雖可能是事實，但卻不適用於人類。有興趣了解完整資訊的朋友，可找此書詳讀。這裡我僅簡述此書兩個重點：

1. 人類 DNA 具特異性

　　現代進化論用基因隨機突變假說，解釋進化的根本原因。然而賦予人類獨特性的 DNA 是一種罕見的染色體安排，而這種 DNA 的融合與優化方式，是不可能隨機突變發生的。

　　在數學公式和模型普遍應用於生物學領域的今天，進化論者從來沒有提出公式，計算基因突變機制實現進化的機率，因為任何一個合理的公式都會否定進化。

　　許多學者從概率上證明了現代進化論的錯誤，貝希（Behe, M. J.）的《達爾文的黑匣子（Darwin`s Black Box）》一書，多處以生命結構的複雜精密性否定了進化的可能。人類較像是獨特物種，擁有自己的簡單系譜，並非如越來越複雜的傳統演化樹所表示的那樣，況且，人類的演化樹也尚未有物證支持，均停留在假說階段。

2. 人類的祖先成謎

　　過去，根據演化樹認定，尼安德塔人（Homo neanderthalensis）為人類的祖先，然而在 2000 年格拉斯哥大學（University of Glasgow）人類鑑定中心登載於《自然（Nature）》科學期刊的論文，揭露尼安德塔人與現代人類的粒線體 DNA 比對並不相同，證明了尼安德塔人並非現代人類的祖先（關於猩猩也在《人類的心智能》一書有論證）。

　　倘若如此，那我們的祖先究竟是誰？

　　人類的起源究竟來自哪裡？

胎兒的生長過程，是生命給予的線索

　　既然考古學與基因科學對於人類起源仍是待解的謎團，我們不妨換個角度思考，若從每個人誕生在這世界上的軌跡開始摸索，也許對生命的意義能有更多的理解。

　　在媽媽肚子裡，我們第一個發育的器官正是「心臟」。胎兒在第 3 周時，心臟開始形成；第 4 周末，心臟開始產生規律心跳，胎盤和臍帶也在此時期形成；第 5 周，心臟開始有心室、心房的劃分，其他部分開始逐漸形塑，但未有其他完整成熟的器官；第 6 周頭型發展迅速，臉部的外觀如眼睛、外鼻門、上唇、耳道及上下頷開始逐漸生長但未完全，肝臟開始產生紅血球，胎的循環於此時期開始；第 7 周之後，頭部大腦半球開始形成，眼睛從後方往前面移動，雙眼睜開，眼瞼開始發育。

　　從這裡可以了解，胚胎時期第一個就開始形成「心臟」。自古以來，人類對心臟的結構與作用知之甚微，這個器官甚至複雜到讓達文西都放棄了解它。然而時至今日，現代科學對於第 4 周如何開始產生第一次的心跳，仍屬無解的謎題，僅可知心臟在人體循環系統中扮演火車頭的角色，靠著它規律且有效的收縮，才能將血液輸送至身體各器官組織。

　　在心臟右心房的後上方有一群具有發電功能的細胞聚集，稱之為竇房節，扮演發電機的核心角色，所產生的電再經心臟內的傳導系統傳至心房及心室，引發心房及心室的收縮而造成心跳。

　　有趣的是，心臟的左右心房心室的血液循環呈「8」字型，第一次跳動輸送血液來回肺部，然後第二次跳動輸送血液至全身，如此周而復始的，重複代表宇宙無限概念的 8 字形神聖符號。在右心室的瓣膜稱作三尖瓣，左心室則是二尖瓣。

　　心臟瓣膜的功能卓越，正常情況下完全不會漏水，雖然時常閉合，但過程中幾乎沒有磨損，才得以在人的一生中，跳動超過二十億次。而影響心臟跳動速度的，並非僅有物質作用而已，也就是除了跑步或攝取過多咖啡因導致心跳加快外，與愛人四目相對這種非物質原因，也深具影響力。

連結生命源頭，
從「心」開始

　　我常覺得中國文字很有智慧，我們會說：得「心」應手、「心」想事成、力不從「心」、隨「心」所欲、口是「心」非、「心」領神會……，為何這些字不用「頭」或「腦」替換？莫非古人早已深刻理解「心」的重要性遠大於「腦」？「心想事成」一詞更是超越近代醫學，發現「心」也可以記憶、思考的超前部署呀！

　　若要理解生命的意義，就需要回到生命的起點──「心」，這裡蘊藏我們的各種感受與生命奧祕，因為「心」可以直接通往「潛意識」，改變心像。「心」既然是個體生命的開始，自然也是與靈魂、與另一個肉眼無法看見的世界最近的距離，更是連結宇宙本源力量的門戶。

　　很多人誤以為打開不同的力量只能用第三眼，這其實是嚴重誤謬，嚴格來說，「心」比第三眼與松果體更為重要，回到本源才能回歸一切，造物主早已暗自在人類成長過程埋下伏筆。而我們的「心」也連結整個潛意識寶庫——除了包含榮格（Carl Gustav Jung）所說的「集體潛意識（Collective subconsciousness）」外，也涵蓋了宇宙意識的阿卡西紀錄（Akashic records）。

我們擁有與源頭一樣的創造力

　　1995 年，量子生物學家弗拉迪米爾‧琶普寧（Vladimir Poponin）和彼得‧卡理耶夫（Peter Gariaer）發表了一個令人震撼的 DNA 實驗論文。這一連串的研究最初始於俄羅斯科學院，以鐳射光子光譜儀（laser photon correlation spectrometer, LPCS）測量溶液中 DNA 的振動模式時發現：在人類 DNA 放入散射室前與後，散射室內的散射光「自相關函數」完全不同，這是可以理解的。

　　但當把 DNA 從散射室中取出後，科學家們當初預期「自相關函數」應回復到未將 DNA 放入前的狀態，但奇妙的是，取出 DNA 後的數據，明顯不同於當初未放入 DNA 時，此即是著名的「DNA 魅影效應（The DNA Phantom）」。桂格‧布萊登

（Gregg Braden）在其著作《無量之網》說道：這實驗無異證實人類 DNA 具有直接影響物質世界的能力。

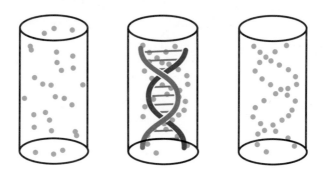

　　而長久以來，過去一直認為體內的 DNA 是一種既有狀態，除了藥物、化學物質、電流之外，我們似乎無法直接影響、改變自己的 DNA，然而科學實驗卻告訴我們，事實絕非如此。1992 ～ 1995 年，格連‧瑞（Glen Rein）及羅林‧麥克瑞特（Rollin McCraty）進行一系列測試，運用特殊技術偵測人類情緒對 DNA 的結構影響與變化。測試結果顯示：不同的情緒與意圖能對 DNA 分子創造出不同效果，導致 DNA 扭轉或鬆開。參與測試者除了在體內創造出不同的情緒感受外，並沒有實質接觸或外力介入，就能影響從自身分離出來、在實驗室燒杯中的 DNA。這也就說明了，人類的情緒與意圖，確實具有改變 DNA 的能力！

　　1993 年，巴克斯特博士 (Dr. Cleve Backster) 為美國陸軍設計了一個實驗。研究人員首先在受試者的口中採取 DNA 和組織樣本，經分離後送到同一棟樓的另一個房間，並放在特殊裝置中，通過測量電流，檢測它是否對受試者的情緒有所反應；而受試者身處距離 DNA 樣本 100 公尺以外的另一個房間。受試者在房間裡觀看一系列影片，包括戰爭片、色情片、喜劇等，藉此引發各種情緒狀態，研究人員則在另一個房間測量 DNA 的反應。當受試者經歷各種情緒，他的 DNA 也在同一瞬間呈現出不同程度的電流反應。即使相距 100 公尺遠，DNA 卻仿佛仍處在與身體實質連接的狀態中。

　　從以上實驗可以得知，**我們的「心」（含各種情緒、感受）會改變 DNA，而 DNA 會改變物質世界，這就是「心想事成」的最佳科學根據**。絕對別小看自己的力量，卡繆（Albert Camus）在《薛西弗斯的神話》說道：「一切偉大的行動和思想，都有一個看似微不足道的開始」。當我們強化、鍛鍊各種感知力──包含情緒感受、覺知力與靜心冥想或潛意識探索，就能強化「心」的顯化豐盛能力。越貼近自己的心，就越能擁有創造豐盛的力量，這力量不是來自於他人授予，而是來自生命本質的祝福。

生而有翼，
當能展翅飛翔

也許有些人會說，如果我們有心想事成的能力，為何現在還是痛苦不堪、感到萬分不自由？這裡，分享一段高靈藍慕沙（Ramtha）在《白寶書（The White Book）》揭示的一段話，可以試試先暫時放下嘈雜的大腦，純粹用「心」去感受這段文字：

只有你——
以自己的心態和對他人心態的接受，審判了自己。

只有你——
令自己感到失敗。你是自己人生唯一的審判者。

只有你——決定了好壞和對錯。

但在稱為生命的存在中，沒有任何這些東西；
你的判斷，只是你在這個創造現實的層次製造出的幻象。
在狹隘的思維裡，你認為一些事是錯的，是邪惡的。
但那是你選擇的真理，
而且天父允許你這麼想，祂的真理叫做存在。

無論你做什麼，神都愛你，
因為你透過做的和想的一切，從中獲得了智慧，
而這些智慧擴大了祂所是的生命。

　　很多時候，我們的痛苦源自於無法「自我原諒」。無法原諒
那一個不被父母或愛人疼愛的自己、無法原諒不被讚賞的自己、
無法原諒看來比他人沒有成就的自己……，我們在這些看似負面
的過程中，一一熄滅內心名叫「希望」的燭火，在心底深處烙上
自己有罪的印記，手腳銬上厚重沉甸的枷鎖。要從深淵中解放的
唯一方法，就是必須原諒自己，接受本來如此的樣貌，不去與他
人比較，認清自己獨一無二的美麗。否則，那些無法自我原諒的
部分，將會深藏於潛意識中，默默地在現實生活中吸引、創造各
種困境與痛苦 (參考本書第一章：吸引力法則)。

　　當我們原諒自己，穿越那些生命中的晦暗時刻，體悟這世界莫不只為我一人演出，就能允許自己站在世界的中心，溫柔看待這一切的過路景致，明白這些生命過程不是負擔，而是隱藏著祝福的滋養，引導從黑暗走向光明，迎向豐盛的果實。

　　最後，謹以我最愛的詩人之一 ── 魯米（Rumi）的詩句，獻給在每個豐盛旅途上的你，相信我們都能成就不凡的豐盛吸引力：

你生而不可限量。你生而誠信善良。
你生而心懷夢想。你生而偉大。

你生而有翼。本不應匍匐在地。
你能展翅，那就學會飛翔。

不要滿足於故事，不要滿足於他人的情況。
揭開你自己的神話。

. PART-2 .

豐盛導師篇

打開心靈之眼，
連結真實自我的愛與祝福

——

第 19 章

豐盛導師之一…

觀音

KEY POINT

愛自己是學習愛的第一步

導師介紹

　　觀音，又稱觀世音、觀自在菩薩，即佛教中過去正法明如來。大乘佛教認為觀音在遠古時早已成佛，卻以大慈悲為度眾生，示現菩薩相重回娑婆世界，入世教化救苦難之人。

　　觀音通常顯現為身穿白衣、一手持甘露水瓶、一手持楊柳枝葉的女性面貌，除了一般民間熟知為大慈悲的化身外，「觀自在」這名字也帶給世人寶貴的教導。

　　所謂「觀自在」，指的是觀照自己的存在，尤其是內在部分。這不僅是指認識現在的自己，也包含認識我們永恆不滅的靈魂本質，當真正認知了這部分，就能獲得真正的自在與自由。

豐盛指引

1. 認識自己

　　通往豐盛的道路上，觀音指引我們必須先學會「認識自己」。試著把自己當作一個全新的朋友，不帶批判的重新認識他的喜好、個性、觀點，當你對自己有新發現的時候，生命就會回饋更多的豐盛給你。

2. 重新探討慈悲

　　「慈悲」是必須重新思考的部分，慈悲心必須建立在感同身受上。我必須對自己有慈悲的能力，才有對他人慈悲的能力。也就是，我必須先能愛自己、陪伴自己、原諒自己，才能真正的理解什麼是愛其他人。

　　如果無法做到前者，恐怕是被蒙了眼的瞎慈悲，過度氾濫只會引發心力交瘁，此時，生命會引發各種負面事件來體驗他人的叛離，以警鐘提醒我們必須先回歸自己，才能回到生命的平衡。

3. 使用白色

　　抽到這張卡的朋友，可以多使用白色，不論是多穿白色衣服或使用白色的物品。白色是光譜中所有顏色光的總和，明度最

高，穿著它能帶來較高的頻率振動，協助我們的豐盛路途更光亮
無阻。如果有會議或重要場合，請大量使用白色。

● 豐盛肯定語 ●

我願意連結自己

我願意看見自己的需要

我願意疼愛自己，給自己更多的支持與力量

| 至少念 3 次，平常可多念誦加強力量 |

與大自然同在，
臣服於宇宙之流

——

老子

豐盛導師之二⋯⋯

第 20 章

KEY POINT

/

學習放下控制

導師介紹

　　老子為道家學派之開教宗師，思想的核心是「道」，曾在《道德經》中說：「有物混成，先天地生。寂兮寥兮！獨立而不改，周行而不殆，可以為天地母。吾未知其名，字之曰道」。

　　老子認為「道」是混然而成，在天地形成前就已經存在，既聽不到它的聲音，也看不見它的形體，寂靜而空虛，不依靠任何外力而獨立長存，循環運行而永不停歇，為萬物的根本、宇宙本源，也是統治宇宙一切運行的法則。

　　老子強調「無為而無不為」，意思是只要做到清淨無為，就能做到一切事情。「無為」與「有為」的分野不在於是否人為，而在是否順應自然發展的流動。順應生命之流就是無為，把個人

主觀意志強加於自然的生命之流就是「有為」。所以「無為」非
什麼都不做，而是臣服於自然、做該做的事。

豐盛指引

1. 勿迷失於慾望

人雖因夢想而偉大，但老子提醒我們，千萬別在築夢的過程中迷失自我。一旦迷失自我，將失去與生命本源連結的力量，久而久之，你會感到許多負面情緒排山倒海而來，對生命感到無力與痛苦。

每一天務必撥出 5 ～ 15 分鐘閉上眼、陪伴自己，不論是練呼吸法、冥想引導，或是靜靜的與內在對話，都是幫助自己對焦生命目標，確保不會偏離正確的運行軌道。

2. 臣服於生命之流

學習「接受」生命的各種考驗，抵抗只會帶來更多痛苦，唯有臣服才能引領你穿越困境。所謂「臣服」，不是消極的不作為，而是內心明白，在更高更遠處有神聖的計畫，眼前示現的困頓是神聖計畫中必要的轉折處，勇敢穿越後必能獲得更大的成功。

3. 多與大自然、宇宙共處

你目前需要的是與自然共處，不論是到公園的草地走走、躺在樹蔭下小憩，或是去登山健行，或是去看看藍天碧海，也可以

躺在沙灘或山上某處望向星空，感受萬有奇妙的連結、宇宙無限的浩瀚，這可以幫助你快速補回過去丟失的力量。

● 豐盛肯定語 ●

我相信一切有更高善的安排

我相信我是被眷顧與被祝福的

我願與萬物同在，隨心滿願

| 至少念 3 次，平常可多念誦加強力量 |

踏實落地生活，
看見生命中眞實的教導

第 21 章

豐盛導師之三⋯

蓋亞

KEY POINT

/

面對原生家庭的創傷

導師介紹

　　蓋亞（Gaia），是希臘神話中的大地女神，有非常顯赫崇高的地位，祂也是古希臘神話中的大母神，是所有神靈和人類的始祖母神，也是世界的初始，所有希臘天神都是祂的後代，第三代眾神之王宙斯（Zeus）是祂的孫子。

　　蓋亞在羅馬神話中名為特盧斯（Tellus），也會被人類當作婚姻女神來崇拜。對應七大脈輪系統中之第一脈輪——海底輪，也象徵我們與母親的關聯。

　　蓋亞的形象通常與地球元素有關，有時被描繪為環繞著水果或植物花草、藤蔓的女性形象，代表色通常為綠色交錯的土地顏色，常以懷抱、俯臥土地或地球的肢體動作，呈現對地球所有生

物的愛與呵護，故在心靈上也與人類的療癒力、復原能力有關。
現今，蓋亞也被象徵為與地球環保議題有關，以有機生態、保育
生物、維護海洋與森林，作為崇敬蓋亞女神的方式之一。

　　日常生活中，如想與蓋亞女神有更多聯繫，可以多使用天
然植物精油，透過吸嗅或塗抹，能補充更多大地之間充滿愛的力
量。

豐盛指引

1. 療癒原生家庭的創傷

蓋亞女神支持你勇敢面對與原生父母的關係，尤其是與母親的關係。那些痛苦或憤怒並不會隨時間流逝，你的潛意識深知這道理。

如果你抽到這張卡，與母親的關係是第一個需要療癒的部分，再來是與父親的關係，不論你們現在的關係看來是否良好。原生家庭的創傷會動搖你對於自己值得擁有的信念，影響豐盛的顯化，也攸關海底輪、生殖系統的問題。

2. 溫柔對待自己

你必須學習包容與原諒自己，溫柔的對待自己，才有能力溫柔的看待世界。清晰覺察犯錯時內心的細微想法，如果產生負面念頭（例如覺得自己很丟臉、很差勁），不要急著壓制，你可以看到那些念頭後，輕聲告訴自己：「嘿～你很棒呀，沒關係，我們下次會更好！」多鼓勵自己，成為自己最好的夥伴。

3. 踏實走向豐盛之路

　　抽到蓋亞牌卡的朋友，可以停下來思考：我對於金錢、事業的想法是否踏實？我對於處理各種事物的作法是否腳踏實地？蓋亞女神提醒我們，萬丈高樓平地起，必須謙卑踏實的從地面開始築起一磚一瓦，才能成就不凡的高樓。

● 豐盛肯定語 ●

我願意面對並穿越原生家庭的創傷

並越過表象，看見生命的教導

我願意連結地球之心

感受大地之母的擁抱

│ 至少念 3 次，平常可多念誦加強力量 │

勇敢面對內在黑暗面，
接受真實的自己

第 22 章

豐盛導師之四⋯

大天使麥可

KEY POINT

面對自己的黑暗面

導師介紹

　　天使是超越人類宗教的概念，祂們在宇宙中的地位類似公務員，負責協助地球人心靈揚升的工作。

　　大天使麥可（Archangel Michael）的名字意義是「如同神之人」，因祂具有造物主的偉大特質，充滿愛、力量、勇敢與堅定的信念，在《創世紀》記載裡，麥可有強大的斬妖除魔力量。每一位大天使均散發獨有光暈或能量磁場，大天使麥可的能量場，通常帶有金色的光暈與寶藍色或深紫色的色彩。

　　大天使麥可是天使長，祂的披風、神盾與光之劍，能在我們追尋自我實現的過程中從旁守護，除了守護我們的心與財富外，並全心全意捍衛真理。

　　記得我在十多年前第一次看見祂時，即感受到特殊的光芒與
極高頻的純淨力量，並帶著溫柔卻堅定的眼神，彷彿頓時擁有千
軍萬馬，能支持我們穿越一切險阻與困境。

豐盛指引

1. 相信自己能做到

　　大天使麥可提醒我們，「相信自己」是通往豐盛之路的必要基礎。如果你對自我感到懷疑，必須先停下腳步，與自己好好對話，探索自我懷疑的真正原因，檢視過去從小到大的生命中，哪一個創傷經驗埋下無法相信自己能成功的種子，然後面對並釋放它。如果你遇到被他人懷疑或不支持的情況，代表這個外在狀況也正在提醒你，內在有自我懷疑的傾向，請記得這世界是一面鏡子，世界正為我們演出。

2. 面對內心的恐懼

　　唯有勇者才能承認自己的恐懼與脆弱，這也是大天使麥可帶給地球人重要的訊息之一。勇敢不是逞強或武裝防衛，當我們真心接納自己的各個面向——包含自己覺得好或不好，也能自然展現、流露出完整的自己。大天使麥可提醒我們，恐懼通常來自於沒有愛的部分，如果能學習好好愛自己，擁抱自己的黑暗面，便能成為一個真正勇敢的人。另外，若你正考慮進行生活的轉變，例如離開一份工作或一段關係，可祈請大天使麥可指引你無懼地向前行。祂也能協助我們看見生命的目的，在精神層面與物質層面上，引導我們該採取的下一步。

3. 清除負面能量

　　大天使麥可擅長處理滯留人間的負能量，保護、改善我們的負面狀況。對容易從他人身上或環境，接受憤怒或競爭能量的敏感體質，祂可以幫助設立防護界線，理解人我之間彼此尊重的距離，當我們能發自內心尊重自己與他人，防護界線自然由此而生。大天使麥可也能協助清除空間的負面能量、移除內心的恐懼，當你感到失去信心與希望時，可以點燃蠟燭，誠心召喚大天使麥可予以協助，把你的恐懼與擔憂告訴祂，把重擔交給祂，祂會帶給你繼續前行的力量。

• 豐盛肯定語 •

我願意相信自己，我願意支持自己
我有能力穿越各種考驗
我能在聖潔的愛裡，看見自己閃耀的光芒

| 至少念 3 次，平常可多念誦加強力量 |

教導我們如何愛與被愛，
引動豐盛之流

———

基督　豐盛導師之五：

第 23 章

KEY POINT

／

相信自己值得被愛

導師介紹

　　幾乎所有當代古典歷史學家都認同，耶穌基督是確實存在的歷史人物，認為其受洗與被釘上十字架是史實之一。耶穌基督透過自身的奉獻，作為一種最佳示範，教導我們必須極盡所能、守護內心的真理──愛與渴望，耶穌基督是「無條件的愛」的首要代表上師。

　　基督意識（Christ Consciousness）是地球揚升的最終目標意識狀態，指的是一個人完成自我實現並與神性合一的狀態。要走向這個最高目標無法一蹴可幾，就像要攻讀博士班必須從小學、國中、高中……逐步堆疊，必須透過現實生活，加深對愛的學習與理解，才能一步步走向高處。

　　「無條件的愛」並非從捨己愛人開始，所有關於愛的學習，第一課都必須從「愛自己」開始，我們必須要明白如何愛自己，才可能真正明白如何愛其他人，否則，那可能是殘缺或掠奪的愛，或投射自己對於愛的匱乏。

　　也許一般人會誤以為，基督最終看似犧牲自己並非愛自己，但對祂而言，成就的是內心對於自我懷抱真理的實踐，並非不愛自己而傷害自己（這即是博士班與國小班的差異），相反的，祂必定是真正理解自己與愛自己，才具有全然實現自己所愛（理想、目標）的能力。

　　耶穌基督教導我們學習愛與被愛，而「愛」就是引動「豐盛」最重要的能量。愛的學習與探索必須逐步學習，如同要成就基督意識只有一條路徑，就是永不止息的探索自我，唯有無止境的深入「我」，才能抵達最終的神性所在。如能與自己的神性同在，還有什麼能阻擋豐盛之流呢？

豐盛指引

1. 愛自己

　　當你抽到這張牌卡，基督大師提醒你要重新審視對自己的愛。這必須在生活中保持觀察：我是否總是會傾聽自己的心聲？是否能接通自己的真實感受而不對自己欺瞞或隱藏？我是否能妥善照顧自己的身、心，幫助自己達到身心平衡？我是否願意重視自己的身體健康，吃營養的食物並維持適合的運動習慣？

2. 學習與理解「愛」

　　很多時候我們並沒有意識到，「愛」本身是一種層次多元又豐富的概念，如果把愛理解的太淺薄，就無法真的體會什麼是愛。愛一定是以柔和慈善的面貌顯現嗎？

　　愛勢必以令人感到舒服、喜愛的方式呈現嗎？路上一個父親對孩子嚴厲指責，能說那一定不是愛嗎？一個母親百般縱容孩子、討他歡喜，能說那一定是愛嗎？我們終其一生都在學習愛，不妨先拋開過去對愛的定義，重新認識這個內涵豐富的概念。

3. 走出二元對立

　　若生命是趟旅程，我們終究會在最後失去一切物質──包括

軀體。旅程中的各種體驗，對與錯、好與壞，真的有這麼重要嗎？

　　人類胎兒的發展從一顆心臟開始，其後再發育大腦，腦部分成左腦與右腦，代表我們當初來的世界是一元的世界，到了第三維度為二元對立的幻象體驗。體驗二元對立是為了建立更深刻的層次感，就像沒有經歷過貧窮，無法對應比較富裕的強烈感受，沒有經歷過刻骨銘心的愛（不限於愛情），無法對生命有更深刻的體悟，二元對立就像實驗的對照組，讓我們來地球學習的更深入。

　　然而，這趟旅程最終是透過二元幻象走向一元的學習，當我們越清楚這趟生命旅程的目的，就能逐漸放下好壞對錯的概念，從二元論走向相對論。

● 豐盛肯定語 ●

我願意釋放對付出與接受的恐懼
我願意敞開雙手擁抱世界
我值得擁有源源不絕的愛與豐盛

| 至少念 3 次，平常可多念誦加強力量 |

揭露眞相與賜予智慧，
爲自己成爲眞正的戰士

——

第 24 章

豐盛導師之六⋯

雅典娜

KEY POINT

提升觀察力與思考力

導師介紹

　　雅典娜（Athena）是希臘神話中的智慧女神和女戰神，也是奧林帕斯十二神之一，主司手工藝、紡織、藝術、智慧及軍事的女神，同時也是農業、園藝、雕刻家、建築家、雅典城市和未婚少女、英雄的守護神。掌管詩歌、音樂、知識，是文武雙全的女神，羅馬神話中名為彌涅耳瓦（Minerva）。雅典娜也屬於天空的女神，是掌管雨露、晴空、春雷的女神。她是雷雨之後，一片純淨清明天色的女神。雅典娜為眾神之王宙斯與聰慧女神墨提斯（Μήτις）所生。

　　希臘神話裡，因有神預言墨提斯所生的兒女有能力推翻宙斯，宙斯便把懷孕的墨提斯吞入腹中，被吞後的墨提斯仍在宙斯顱內不斷打鐵為女兒做盔甲，令宙斯頭痛難忍，只好召來火神赫

淮斯托斯用大斧頭劈開頭顱，於是一個身穿盔甲、手持金矛的女神從宙斯的頭裡蹦出來，雅典娜自此誕生，當時天降金雨（《奧林波斯頌》卷五），根據荷馬讚美詩所述，連奧林帕斯山也為之震動，太陽神赫利歐斯的馬車也停了下來。

　　由於雅典娜是從宙斯頭腦生出，其母墨提斯亦為智慧之神，因此雅典娜繼承了宙斯和墨提斯的優點，是力量和智慧的化身，成為奧林帕斯女神中實力最高者。貓頭鷹、鴿子、海鳥等眾多飛鳥是雅典娜的聖鳥，象徵智慧的蛇也是雅典娜的聖物，一手持鑲有梅杜莎頭像的盾牌，一手持金色長矛，是女戰神雅典娜常被描繪的形象。

1. 提升觀察力與思考力

智慧女神提醒我們平時必須加強觀察力,所謂觀察力不僅觀察外在的人事物部分,內在的想法、感受、情緒,也必須加以審視觀察,才能逐漸完整的認識自己。觀察力會帶動能量的匯集,當我們只觀察其他人,等同把自身的能量都流散出去,造成容易疲倦與患得患失的結果;但當我們加強對自己的觀察力,便能幫助把能量蓄積在自己身上,不僅能提升心智的平靜與穩定,更能在面對考驗時具備勇氣與力量。

思考力的提升,最簡要的方法便是自我思辨,可以透過自我問答的方式、追溯問題的本源與可能的選擇。然而所謂「真理越辯越明」,指的是拋下既定成見探索真相,如果堅守成見,即非真正的思辨,而是狡辯或強辯。所以必須先放下原本預設的立場,以客觀的角度思辨,才能更靠近真理。

2. 藝術、音樂與工藝

如果你的工作與藝術、音樂、工藝或創作有關,抽到這張牌卡也代表這是很適合你的工作,雅典娜女神提醒你保持初衷,延續你對於這個工作的熱情,未來將有更多的豐盛來到你身邊。但

這不代表中途沒有考驗或挫折，只要你堅持信念，就能穿越暗夜
直達光明。

　　即使本身工作並非與藝術相關，這張牌卡也是提醒我們，繁
忙之餘也別忘了聽聽音樂、欣賞美的事物，或是做一些小巧的手
工藝品，除了能調劑身心，還能讓心靈回歸一種平靜又豐盈的狀
態。

3. 智慧的力量

　　女戰神雅典娜與希臘神話中的男戰神艾瑞斯（Ares）最大的
差異，就是雅典娜不僅驍勇善戰，還善於以柔巧慧點奪得勝利與
民心。

　　希臘神話裡，雅典娜與海神波賽頓曾有一場關於雅典城守護
神的競爭，誰能贏得人民的心，就能成為該城被敬奉的守護神。
海神用他的三叉戟敲了岩石三下，瞬間從岩石裂縫中湧出清涼的
山泉，一匹雪白戰馬從山泉中飛鳴而起。而智慧女神雅典娜用她
的長矛敲一下岩石，瞬間長出橄欖樹，橄欖樹的經濟價值甚高，
對人民的生活貢獻極大，結果人民擁戴雅典娜獲得勝利，並將該
城以她的名字命名。

　　抽到這張牌卡的朋友，請清晰記得自己的目標是什麼，並完整蒐集資訊、綜合評估判斷，冷靜下來，才能做出有智慧的決斷。不妨泡一杯茶，或是讓自己沖個澡或泡澡，藉由水元素的力量，帶給自己更多的智慧與力量。

● 豐盛肯定語 ●

我能清晰看見我的目標

我願意守護自己的初衷

我願用勇氣與智慧，一路伴隨我獲得成功

| 至少念 3 次，平常可多念誦加強力量 |

放下自我懷疑，
走向生命巔峰

———

宙斯

豐盛導師之七…

第
25
章

KEY POINT

勇敢面對考驗，危機就是轉機

導師介紹

　　宙斯（Zeus）是希臘神話中統領宇宙至高無上的天神，羅馬神話稱朱彼特（Jupiter），也就是木星命名的起源。祂的後代包括雅典娜、艾瑞斯、阿波羅、阿提米絲、赫密士、戴歐尼索斯、海克力斯……等希臘諸神。宙斯也被稱為不凡的萬物之神，閃電是祂的代表，常以頭戴皇冠、身著白衣，一手持霹靂閃電，一手持神盾或權杖的姿態顯現。

　　宙斯同時也是自然法則與國家秩序的主宰，守護凡人，獎勵善事而懲治貪婪或殘忍之人，故也與法律、正義有關。祂的神獸包含老鷹、公牛與啄木鳥。宙斯的氣場散發銀色、藍色、白色與金色的光，大地於下雨或雷電時常可見宙斯的示現。

豐盛指引

1. 法律事務的處理

　　如果有關於職業方向的疑惑，抽到宙斯牌卡代表可考慮從事與法律相關的產業。如無職業取向的疑問，須多加留意關於合約、法律的交涉與簽署，注意公平性的問題，並小心有無隱瞞或欺騙的情事發生。宙斯牌強調公平公正，必須兼顧多方狀況，避免以大欺小、以強凌弱，須做出一個合理又公平的決策。

2. 突破關卡的爆發力

　　許多時候我們裹足不前，是因為自我懷疑而舉步維艱，宙斯告訴我們要相信自己原本的力量，祂要我們理解我們都是神的孩子，內在深處均有通往神性的道路與力量，你必須讓自己先安靜下來，與自己共處，才能打開這個神性。當你開始連結深層自我，就是與諸神最近的距離，你會被賜與源源不斷的爆發力，協助你突破困境，並相信自己足以完成夢想。

3. 衝突的必要性

　　宙斯提醒我們，不要害怕衝突與對立，因為只要我們能保持清晰視角、機智面對，衝突與對立只是暫時的過程，當這些看似負面的狀況過去，可以帶來更多的資源與協助。所以，別害怕爭

吵與衝突，危機就是轉機，當你不再恐懼，智慧就不會被蒙蔽，
你就能突破暗夜，迎向黎明。

● 豐盛肯定語 ●

我相信自己的力量

我願意放下自我懷疑

走入世界的中心

我是風、是雨、是閃電

我能開創生命的巔峰

| 至少念 3 次，平常可多念誦加強力量 |

從挫折中重生，
擁抱更美好的未來

第 26 章

豐盛導師之八…

大天使加百列

KEY POINT

失敗為成功之母，檢討後再出發

導師介紹

　　大天使加百利（Archangel Gabriel），名字的意思是「天主的人」、「天神的英雄」、「上帝已經顯示了他的神力」或「將上帝之秘密啟示的人」，也被認為是上帝之（左）手，是為神傳達訊息的使者，祂也是天使長之一，與大天使麥可皆為最高階的熾天使（Cherubim 或譯為智天使，也稱為六翼天使 Seraphim，是最高等級的天使）。

　　熾天使代表上帝的智慧。是《聖經》中最早被提及的天使，上帝把亞當和夏娃逐出伊甸園後，怕他們返回來偷吃生命之樹的果實，在伊甸園東面通往生命之樹的道路，安置了熾天使和四面轉動發射火焰的劍。

《出埃及記》中還提到熾天使被雕刻在約櫃上(註：約櫃是聖經《出埃及記》裡面記載的一個寶櫃)，可見這類天使也致力於守護某些東西。熾天使同時還擔任史官的職務。加百列是祂們的統領。

傳信為大天使加百利的主要職掌，傳說末日審判的號角就是由加百列吹響的，也被認為是象徵帶來復活與智慧的大天使。加百列在地球上的另一個使命是成為教職人員的照明者，即成為明燈守護教化者，一同為地球的發展創造完美的概念。

根據聖經記載，祂多半向女性顯現神蹟，故一般認為加百列是女性的保護者，繪畫作品也常被繪為女性形象，然有時亦以男性形象顯現，其實天使是沒有性別的，祂們也可以決定給不同人顯現不同的樣貌。

大天使加百利也是向瑪麗亞宣布即將成為耶穌基督母親的傳信使者，基督徒的肖像畫常描繪加百列跪在聖母前，攜帶捲軸、小號或白百合宣布耶穌即將誕生。

1. 守護你的心

　　大天使加百列指引我們，守護你的心，就是守護你最強大的力量來源。不要害怕去感受各種生命的喜怒哀樂、各種情緒與感受，就像世界的多種色彩，讓生命更繽紛美麗。我們的生命因為有著一顆跳動的心，而能跟世界萬物連結，所以，無論在生命的高峰或低谷，都必須珍愛我們的心，珍視每一種感受，才能無形中與萬物保有各種聯繫，這種合一的力量，能幫助我們更明白自己是誰。

2. 重生之路

　　抽到這張牌卡的朋友，大天使加百列提醒你，無論現在遇到什麼困境，都只是暫時的過程，必須靜下來重新審視、思考，務必先釐清自己真正想要的目標是什麼，然後重新擬定方針，也許某些人事物必須更新、調整，甚至某些部分必須割捨或放下，但請記得，豐盛之路就在前方等著你，堅持下去就能成功。

3. 從過去學習如何進步

　　大天使加百列提醒我們，過去是很寶貴的借鏡，你必須看見自己過去挫折或失敗的原因，積極改正，才能讓自己越來越進

步。斷然切割過去不是一件明智的事，有時只是代表我們害怕面對、承認過去的錯誤，所以勇敢的回顧你的生命，提醒自己不貳過，就是成為自己最好的老師與益友。

● 豐盛肯定語 ●

我願意連結生命本源的智慧

我願意看見過去生命給我的教導

我願意改正自己的錯誤

為迎向豐盛之路保持彈性與敞開

| 至少念 3 次，平常可多念誦加強力量 |

看見什麼是最重要的、
什麼是次要的

第 27 章

豐盛導師之九⋯

大天使麥達昶

KEY POINT

明白優先次序與練習脈輪

導師介紹

　　大天使麥達昶（Archangel Metatron）的名字意謂「人神合一的天使」，是少數曾轉世為人的二位大天使之一，先知以諾被認為是祂的化身。

　　麥達昶協助地球人在能量上與頻率上調整的能力，運用「麥達昶幾何立方體（Matatron's Cube）」，淨化人類的脈輪中心，並快速調整氣場與頻率。大天使麥達昶的氣場帶有許多的金色高頻能量，並伴隨一些紅色的能量。

　　麥達昶能協助我們將消極想法轉變為積極的思維模式，如果反覆看到數字 1111，通常是大天使麥達昶在提醒你必須走在覺醒的道路上，這數字也被稱為揚升過程的 DNA 激活號碼。

　　另外，祂也是兒童的守護者，能協助學習障礙或已往生的兒童。身為父母，你可以召喚麥達昶並尋求協助，幫助小孩開啟智慧，並成功地處理學校、家庭和生活各方面的問題。

1. 優先順序

　　在豐盛的道路上，必須明白優先次序，分辨什麼是最重要的、什麼是次要的，這是成功者必備的能力，如此才能循序前進、逐一完成我們的夢想。大天使麥達昶能協助我們，用較高的角度看見生命樣貌，從高處觀看時，更能看清楚先後次序與重要性的分別。

2. 練習脈輪

　　本書第八章已簡要說明七大脈輪的基本內涵，而七大脈輪除了是身體能量的七大漩渦或門戶，更重要的是彰顯人類生命的七大課題。大天使麥達昶提醒我們，七大脈輪的意義並非僅止於知識或概念而已，還具有連結有形（身體）與無形（心靈、生命能量）的架橋、銜接功能。

　　麥達昶立方體之所以為極具代表性的神聖幾何之一，正是因為它不僅來自於生命之花（Flower of Life）的神聖幾何、連結生命起源的力量，更是電子持續永恆震盪的活躍狀態，照映著我們是永恆不滅、生生不息的存在。

3. 孩子的教導

　　追逐豐盛的過程中，除了別忘記陪伴自己的孩子外，也別忘了照顧自己內心的內在小孩。抽到這張牌卡的朋友，大天使麥達昶提醒你，如果你有了孩子，千萬別因為工作繁忙而忽略孩子，孩子們就是你的寶藏，也是你的豐盛基礎。另一個必須呵護的孩子，就是我們的內在小孩，不論年紀多大，內心始終有個孩子與我們同在，築夢的過程中，別忘記靜下來與內在小孩說說話，這也是帶給我們平靜與力量的重要方法之一。

● 豐盛肯定語 ●

我能像孩子一樣快樂歡唱

也能像孩子一樣真誠自在

我允許所有祝福流向我

我就是豐盛的光

| 至少念 3 次，平常可多念誦加強力量 |

卸除阻擋流動的高牆，

允許自己更豐盛幸福

—

豐盛導師之十：

豐盛女神

第 28 章

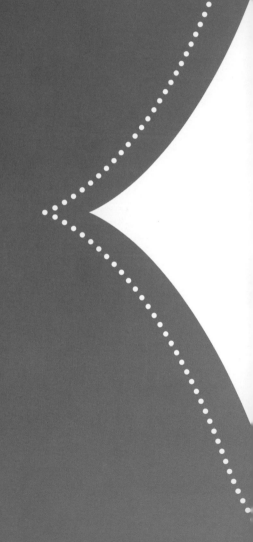

KEY POINT

心懷感恩，包容萬物

導師介紹

　　豐盛女神（Abundantia）是代表富足、繁榮、財富、貴重物品與事業成功的女神，也會保護我們的儲蓄和投資，祂常會攜帶一個裝滿穀物、水果和金幣的聚寶盆或羊角（豐饒之角），有時也會身穿綠色衣服（綠色代表孕育，象徵不斷孕育各種財富）。

　　在古羅馬的傳說中，豐盛女神是一位可愛、耐心又善良的女神，樂於助人，有時也會慷慨的在某人家裡留下糧食或錢作為禮物，也被稱為「幸運女神」。

　　豐盛女神很樂意幫助凡人解決與金錢和財務成功有關的一切問題，幫助人們進行大宗採購，指引人類投資和儲蓄，並明智地處理財務。

　　女神也有能力消除人們對金錢的所有擔憂，緩和生活中因經
濟問題而產生的消極情緒，如果有經濟困難或需要進行重大財務
決策的朋友，可以點燃黃色或金色的蠟燭，在祭壇上準備一些牛
奶、蜂蜜或甜酒，靜下心來，召請豐盛女神前來協助。

豐盛指引

1. 豐盛必須由內而外引動

　　豐盛女神提醒我們，必須由內而外吸引、創造豐盛之流，才是最省力、快捷的作法。我們必須深入理解吸引力法則（本書前半部的內容），找到內在阻礙豐盛的因子，移除讓金錢流窒礙難行的信念，透過內在心像的調整，改變我們外在顯化的世界。

2. 心懷感恩

　　對萬物感恩，是讓我們擁有更多的祕法。所謂感恩，不是掛在嘴上的感謝，而是必須發自內心的感激之情，能帶來更多的支持與資源，切記宇宙法則是真實才有力量，內心真誠的感恩才能帶來豐盛的結果。而感恩不僅只是外在人事物的部分，也必須懂得感謝自己，感謝自己的選擇與生命，這會幫助我們成為更踏實、完整的人。

3. 包容萬物讓你更豐盛

　　在生活中多一點包容，不論是包容自己、身邊的人，甚至包容可能觸犯你的店員或路人，也能讓我們無形中擁有更多，帶來更多的豐盛力量。這份包容不是來自於想讓自己成為一個好人，真正的包容是來自於理解每個人都有不同的想法與視角、每個人

都有可能不小心犯錯，生命的廣度便可以擴大。當我們擴大生命
的廣度，就能吸引、顯化更多的豐盛。

● 豐盛肯定語 ●

我願意包容自己與他人

感恩生命中的每個時刻

我感謝我自己

我允許自己一天比一天更幸福豐盛

| 至少念 3 次，平常可多念誦加強力量 |

豐盛指引卡

使用說明

牌卡介紹

《豐盛指引卡》總共有 28 張，分別對應本書 28 個章節，其中第 1 ～ 18 張牌卡對應本書「自我開發篇」的 18 個豐盛概念；第 19 ～ 28 張牌卡與「豐盛導師篇」的 10 位導師連結。

《豐盛指引卡》本身是一個輔助工具，協助我們在困惑時，透過抽牌卡突破自己的盲點，或是得到智慧的指引，這並非算命或預言的工具，而是建設性的指引。而《豐盛指引卡》的力量，並非來自單一存在的神或高靈，而是來自於世界合一（包含本我的神性）的概念，這是融合宇宙天地的愛與祝福而成，所以，只要我們能將心靜下來，願意謙卑地看見真相，任何時間、地點均可抽卡，沒有任何禁忌。

《豐盛指引卡》設計說明

【正面】優美的繪畫線條與明亮的色彩層次讓人賞心悅目。使用者在抽牌後，藉由圖像和文字，了解自己的現狀並得到智慧的指引，逐步往財富豐盛之路前進。

【背面】生命之花（Flower of Life），象徵宇宙所有生命的起源，包含了所有創造的模式。生命之花的圖騰在世界許多宗教或古文化中被發現，在埃及最古老的阿比多斯的俄賽里斯神廟中，在腓尼基人、愛爾蘭、土耳其、英國、埃及、中國、西藏、希臘、日本等的古蹟裡都可發現它，也曾出現在中世紀的藝術作品裡。

生命之花圖騰也被譽為象徵豐盛的靈性圖騰，代表源源不絕的生命力與正面能量，是神聖源頭無限創造力與生命力之展現。藉由生命之花圖騰，能連結宇宙的豐盛能量，在我們的生活中創造源源不絕的豐盛成果。

抽牌方式

1. 事前準備

　　抽牌的首要技巧，是盡可能讓自己的心靜下來，如果想特別慎重的獲得指引，可以在洗澡後，點蠟燭靜心 5 ～ 10 分鐘，蠟燭的火元素可以消除混雜思緒，幫助我們更快穩定下來。靜心的方式不拘，不論用觀呼吸法、漸進式放鬆法，或其他任何能引導我們專注自己的方法均可。

2. 提出問題

　　當感覺心靜下來後，可以先進行洗牌（用一般撲克牌洗牌方式即可，但請避免凹折牌卡），並釐清想提出的疑問。你可以閉上眼，用與自己對話的方式，整理出想要請示的問題，或張開眼用紙筆書寫，方式不拘，只要能清楚明白、具體設定真正想提出的問題即可。

3. 抽出牌卡

　　把牌卡整疊放在胸口，閉上眼睛，深呼吸 3 次。每一次的深呼吸，想像你的心與牌卡連結的宇宙之心一起振動，彷彿與世界共舞一般。深呼吸 3 次後，把牌卡整疊放在左手手心上，把你的疑問或想獲得指引的事項對宇宙或天使聖團傾訴，說完後再一次

把牌卡整疊放在胸口，閉上眼深呼吸 3 次後，張開眼睛抽出 1 ～ 3 張牌卡，然後依次對應牌卡數字找到本書章節的內容，即為專屬於你的豐盛指引。

如需較為完整的指引，可運用以下特殊牌陣，但牌陣不是必要，唯有專心誠意才是重點。

（1）時間之流牌陣：可以針對時序的演進給予建議。

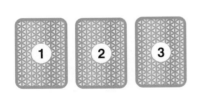

圖中 1 的位子代表「過去」，2 代表「現在」，3 代表「未來」。然後從所有牌中依序抽出過去、現在、未來的 3 張，依次放在其對應位子上。例如計畫想創辦公司，即可針對此部分請示關於過去、現在、未來的具體指引。

（2）黃金三角牌陣：可以針對問題的細節給予建議。

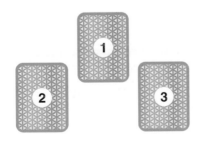

圖中 1 的位子代表「問題核心」，也就是整個問題的關鍵點。2 代表「困難或阻礙」，3 代表「解決方法」。然後從所有牌中依序抽出 3 張放在其對應位子上。

（3）二擇一牌陣： 當遇到兩種選擇感到猶豫時，適合用這個牌
　　　陣尋求建議。

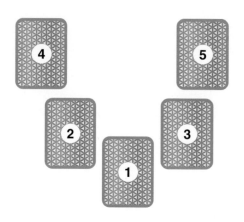

總共要依序抽出 5 張牌，第一
張 1 號代表「提問者目前狀
況」，第二張 2 號代表「選
擇 A 的問題或困難」，第三張
3 號代表「選擇 B 的問題或困
難」，第四張 4 號代表「選擇
A 的具體建議」，第五張 5 號
代表「選擇 B 的具體建議」。

☾ 牌卡釋義

　　除了查詢本書對應的章節外，並提供摘要與配套措施供使用
者參考。最後附上大自然提供我們的輔助精油，藉由吸嗅塗抹或
擺放，可調整財富能量的狀態。

01 ✦ 吸引力法則

關　鍵　字｜吸引力法則／希望／顯化
詳　細　內　容｜本書第 1 章
核　心　作　法｜認識你的心像
花草與精油｜綠薄荷、白玫瑰、金盞花

02 ✦ 金錢能量流

關　鍵　字｜頻率震動／流動／信念
詳　細　內　容｜本書第 2 章
核　心　作　法｜時常覺察自己對於金錢的想法與感受
花草與精油｜洋甘菊、伊蘭伊蘭、馬鬱蘭

03 ✦ 魔法的核心

關　鍵　字｜意念／聚焦／專注／靜心
詳　細　內　容｜本書第 3 章
核　心　作　法｜靜心冥想能調整你的內在力量
花草與精油｜檀香、雪松、冷杉、聖木

04 ✦ 鏡面的世界

關　鍵　字｜過去／投射／潛意識
詳　細　內　容｜本書第 4 章
核　心　作　法｜看見潛意識被隱藏的真相
花草與精油｜肉桂、天竺葵

05 ◆ 點燃心之火光

關　鍵　字｜渴望／反璞歸真／真我
詳　細　內　容｜本書第 5 章
核　心　作　法｜回歸真我的冥想練習
花草與精油｜歐薄荷、長胡椒

06 ◆ 海面下的暗礁

關　鍵　字｜誠實面對自己／真實的感受／值得擁有
詳　細　內　容｜本書第 6 章
核　心　作　法｜面對過去的創傷並療癒
花草與精油｜玫瑰草、祕魯香脂

07 ◆ 生命之流

關　鍵　字｜過去的總和／活在當下
詳　細　內　容｜本書第 7 章
核　心　作　法｜學習為自己的選擇與生命負責
花草與精油｜沒藥、乳香、安息香

08 ◆ 太陽的教導

關　鍵　字｜勇氣／平等／做自己
詳　細　內　容｜本書第 8 章
核　心　作　法｜練習第三脈輪太陽神經叢
花草與精油｜月桂葉、白千層、佛手柑

09 ✦ 地球母親的豐盛典範

關　鍵　字｜土元素 / 孕育 / 接地
詳　細　內　容｜本書第 9 章
核　心　作　法｜接地的運用與冥想練習
花草與精油｜沒藥、乳香、療創木

10 ✦ 宇宙之聲

關　鍵　字｜溝通 / 傾聽 / 創造力 / 真實的力量
詳　細　內　容｜本書第 10 章
核　心　作　法｜真誠而有力量的表達自我
花草與精油｜尤加利、聖木、沉香

11 ✦ 構築自我覺察力

關　鍵　字｜覺知 / 調整自我疏離
詳　細　內　容｜本書第 11 章
核　心　作　法｜提升自我覺察力的黃金三角練習
花草與精油｜牛膝草、大茴香、羅勒

12 ✦ 耐心與堅持的奧秘

關　鍵　字｜穿越表象 / 面對恐懼 / 釋放情緒
詳　細　內　容｜本書第 12 章
核　心　作　法｜挖掘每個情緒背後深藏的恐懼是什麼
花草與精油｜岩蘭草、冬青、雪松

13 ✦ 告別過去的儀式

關　鍵　字	放下 / 斷捨離
詳　細　內　容	本書第 13 章
核　心　作　法	面對創傷，可運用焚毀法
花草與精油	安息香、岩蘭草

14 ✦ 保持選擇的彈性

關　鍵　字	改變慣性 / 允許各種可能
詳　細　內　容	本書第 14 章
核　心　作　法	運用腦神經元可塑性
花草與精油	甜橙、香茅、檸檬草

15 ✦ 航行中的燈塔

關　鍵　字	心腦平衡 / 心之所向
詳　細　內　容	本書第 15 章
核　心　作　法	日常靜心冥想鍛鍊
花草與精油	廣藿香、葫蘆芭

16 ✦ 轉動的輪子

關　鍵　字	行動力 / 平衡
詳　細　內　容	本書第 16 章
核　心　作　法	找出阻礙行動的因子
花草與精油	肉桂、肉荳蔻、荳蔻

17 + 無為之道

關　鍵　字	沉澱 / 休息 / 獨處
詳 細 內 容	本書第 17 章
核 心 作 法	打破效率的迷思
花草與精油	橙花、乳香、玫瑰鹽

18 + 創造豐盛的旅程

關　鍵　字	吸引力法則 /DNA
詳 細 內 容	本書第 18 章
核 心 作 法	探索自我並原諒自己
花草與精油	肉豆蔻、金箔

19 + 豐盛導師 1：觀音

關　鍵　字	愛與慈悲 / 內觀
詳 細 內 容	本書第 19 章
核 心 作 法	愛自己是學習愛的第一步
花草與精油	沒藥、大馬士革玫瑰、岩蘭草

20 + 豐盛導師 2：老子

關　鍵　字	臣服 / 無為 / 順勢
詳 細 內 容	本書第 12 章
核 心 作 法	學習放下控制
花草與精油	松脂、療創木

21 ✦ 豐盛導師 3：蓋亞

關 鍵 字｜腳踏實地 / 與母親的關係
詳 細 內 容｜本書第 21 章
核 心 作 法｜面對原生家庭的創傷
花草與精油｜罌粟籽、檀香、檜木

22 ✦ 豐盛導師 4：大天使麥可

關 鍵 字｜勇氣 / 面對真相 / 面對恐懼
詳 細 內 容｜本書第 22 章
核 心 作 法｜面對自己的黑暗面
花草與精油｜乳香、安息香

23 ✦ 豐盛導師 5：基督

關 鍵 字｜愛 / 合一 / 奉獻 / 寬恕
詳 細 內 容｜本書第 23 章
核 心 作 法｜相信自己值得被愛
花草與精油｜橙花、冬青

24 ✦ 豐盛導師 6：雅典娜

關 鍵 字｜揭露真相 / 智慧 / 戰士
詳 細 內 容｜本書第 16 章
核 心 作 法｜提升觀察力與思考力
花草與精油｜橄欖油、月桂、迷迭香

25 ✦ 豐盛導師 7：宙斯

關　鍵　字｜爆發力／堅持／勇氣
詳　細　內　容｜本書第 25 章
核　心　作　法｜勇敢面對考驗，危機就是轉機
花　草　與　精　油｜茉莉、山雞椒

26 ✦ 豐盛導師 8：大天使加百列

關　鍵　字｜重生／復活
詳　細　內　容｜本書第 26 章
核　心　作　法｜失敗為成功之母，檢討後再出發
花　草　與　精　油｜杜松子、綠薄荷

27 ✦ 豐盛導師 9：大天使麥達昶

關　鍵　字｜次序／純真／孩童／電子
詳　細　內　容｜本書第 27 章
核　心　作　法｜明白優先次序與練習脈輪
花　草　與　精　油｜檀香、雪松、聖木

28 ✦ 豐盛導師 10：豐盛女神

關　鍵　字｜豐收／羊角／金幣／富足
詳　細　內　容｜本書第 28 章
核　心　作　法｜心懷感恩，包容萬物
花　草　與　精　油｜羅勒、薄荷、玉米、麥穗

富能量 028

財富豐盛吸引力

28 個豐盛指引，開發內心能量，扭轉未來人生

作　　者：沈　伶
牌卡繪圖：周伶育
責任編輯：梁淑玲
封面設計：楊啟興
內頁、書盒、牌卡設計：王氏研創藝術有限公司

總 編 輯：林麗文
副 總 編：梁淑玲、黃佳燕
主　　編：高佩琳
行銷企劃：林彥伶、朱妍靜
印　　務：江域平、李孟儒

社　　長：郭重興
發行人兼出版總監：曾大福
出　　版：幸福文化／遠足文化事業股份有限公司
地　　址：231 新北市新店區民權路 108-2 號 9 樓
網　　址：https://www.facebook.com/happinessbookrep/
電　　話：(02) 2218-1417
傳　　真：(02) 2218-8057
發　　行：遠足文化事業股份有限公司
地　　址：231 新北市新店區民權路 108-2 號 9 樓
電　　話：(02) 2218-1417
傳　　真：(02) 2218-1142
電　　郵：service@bookrep.com.tw
郵撥帳號：19504465
客服電話：0800-221-029
網　　址：www.bookrep.com.tw

法律顧問：華洋法律事務所 蘇文生律師
印　　刷：通南彩色印刷公司

初版二刷：2021 年 12 月
定　　價：580 元

國家圖書館出版品預行編目 (CIP) 資料

財富豐盛吸引力：28 個豐盛指引，開發內心能量，扭轉未來人生 / 沈伶著 . -- 初版 .
-- 新北市：幸福文化出版社出版：遠足文化事業股份有限公司發行，2021.12

　　面；　公分 . -- (富能量；28)
ISBN 978-626-7046-16-6(平裝)
1. 成功法 2. 靈修

177.2　　　　　　　　　　　　　　　　　　　　　　　110017894

讓團體力量幫助我們
更幸福豐盛！

靜心推廣與心靈成長協會，致力於推廣多元靜心與心靈成長，
迄今已辦數百場心靈活動與數十場百人公益講座。

願透過靜心的力量影響社會，讓更多人走入內心的寧靜。
歡迎您一起支持我們。

靜心推廣協會
最新活動

超世紀催眠 6.8折體驗券

使用期限：至 2022/12/31 止
(優惠詳情請見背面)

GTHA
全球超世紀催眠研究協會

GTHA粉絲頁　　GTHA官網首頁

•體驗•	•體驗•
靜心推廣與心靈成長協會 **2022 單場活動** 同享會員優惠	靜心推廣與心靈成長協會 **2022 單場活動** 同享會員優惠
•體驗• 靜心推廣與心靈成長協會 **2022 單場活動** 同享會員優惠	•體驗• 靜心推廣與心靈成長協會 **2022 單場活動** 同享會員優惠

報名活動請洽詢協會小編 Line：@qcy3228o